LA MALA CONCIENCIA

Traducción de
JUAN JOSÉ UTRILLA

No razonéis demasiado sobre nuestra plegaria.

FÉNELON, *Lettres spirituelles*

Carlos Fuentes
Barcelona. Septembre '97

VLADIMIR JANKÉLÉVITCH

LA MALA
CONCIENCIA

FONDO DE CULTURA ECONÓMICA

MÉXICO

Primera edición en francés, 1966
Primera edición en español, 1987

Título original:
La mauvaise conscience
© 1966, Editions Montaigne, París

D. R. © 1987, Fondo de Cultura Económica, S. A. de C. V.
Av. de la Universidad, 975; 03100 México, D. F.

ISBN 968-16-2440-8

Impreso en México

I. LA SEMICONCIENCIA

Todas las esencias de Arabia no purificarán esta mano pequeña.

(*Macbeth*, V, I.)

La mala conciencia es rara; es tan rara que, en suma, apenas es una experiencia psicológica; la mala conciencia es, más bien, un límite metaempírico, y el hombre concienzudo sólo alcanza este límite en la tangencia del instante, tangencia al punto interrumpida por la complacencia de la buena conciencia... Por ello, la crisis aguda del remordimiento es inseparable de la tensión trágica. Aparte de Boris Godúnov y de Macbeth, todo el mundo tiene, en general, buena conciencia. Nadie se reconoce faltas ni se estima culpable en lo más mínimo, esto es de sobra conocido; cada quien está convencido de su derecho y de la injusticia de los demás hacia él. Malvados o no, los egoístas generalmente viven contentos, muy satisfechos de lo que hacen, y casi siempre gozan de un sueño excelente; nunca lamentan sus mezquindades... Pese a su carácter ambiguo, la mala conciencia, la conciencia avergonzada de sí misma, es una exaltación de la conciencia en general. La conciencia no es otra cosa que el espíritu. El acto por el cual el espíritu se desdobla y se aleja a la vez de sí mismo y de las cosas es un acto tan importante que ha acabado por dar su nombre a toda la vida psíquica; o, más bien, la "toma de conciencia" no designa un acto distinto, sino una función en la que toda el alma figura en cierto grado y que es propia de la actitud filosófica. En su infinita movilidad, la conciencia puede tomarse a sí misma por objeto: entre el espectador y el espectáculo se establece entonces un vaivén, una transfusión recíproca de sustancia: la conciencia de sí misma, al hacerse más aguda, recrea y transforma su objeto, puesto que ella misma es algo de este objeto, a saber, un fenómeno del espíritu; pero el espíritu, a su vez, se distiende sobre la conciencia puesto que, en suma, es el espíritu el que cobra conciencia. Hay en nosotros como un principio de agilidad y de inquietud universal que permite a nuestro espíritu no coincidir nunca consigo mismo, reflexionar sobre sí mismo indefinidamente; de todo podemos hacer nuestro objeto, y no hay objeto en el que nuestro pensamiento no pueda volverse trascendente: la *idea ideae* existe, pues, en variadas "potencias", bajo innumerables exponentes. Esta delicadeza de una conciencia capaz de multiplicarse al infinito por sí misma, esos refinamientos que permiten a nuestro espíritu, si lo queremos, no adherirse nunca a sí mismo, esta sutileza, en fin, ¿no son la marca distintiva de la inteligencia humana? La Conciencia no quiere ser engañada por nada, ni siquiera por sí misma. Ésta es una infatigable ironía. Así como el artista posee por naturaleza cierta agudeza en la mirada que le permite percibir en todos los paisajes posibles el orden del desorden, así también la conciencia se divide extremamente, se hace tenue, aguda y abstracta con el fin de no ser sorprendida por el dato. Es clarividencia y libertad.

Desde el primer estremecimiento de la reflexión, nos atormenta el espíritu de inquietud, pues la reflexión no está allí para confirmar la evidencia sino, por el contrario, para refutarla. La filosofía de Descartes, por ejemplo, comienza con la duda radical, es decir, con una empresa totalmente absurda y, en apariencia, irrazonable; pero la duda misma ¿es otra cosa que la forma más crítica de la toma de conciencia? La teoría del conocimiento, por una parte, lleva al colmo el absurdo, puesto que sólo tiene por meta quebrantar nuestra confianza en el dato sensible, o recuperar laboriosamente, tras muchos rodeos, las presuposiciones del sentido común. Y así toda metafísica. La metafísica nace, en suma, no tanto por el "asombro" como por una crisis de conciencia; la metafísica es hija del escrúpulo. Después de todo, la existencia —esta existencia que nos es dada como el más natural, el más evidente y el más general de todos los hechos—, la existencia, ¿es acaso evidente? Desde luego, nada es tan absurdo e incluso tan insensato como semejante pregunta, puesto que nuestro propio pensamiento, que es quien la plantea, testimonia por el hecho mismo de que se ha resuelto desde antes de plantearse... Pero justamente, no se dirá que nuestro pensamiento queda prisionero de algo, así fuera de su propia existencia, y es sabido que la dignidad de la "caña pensante" no consiste en rebasar el límite, sino en tomar conciencia: para liberarse basta, a menudo, saber que no se es libre. Filosofar se reduce, en suma, a esto: comportarse ante el universo y la vida como si nada fuese por sí mismo; contingencia o necesidad: en lo real hay algo que exige que lo justifiquen. Por ejemplo, no bien ha empezado el hombre a filosofar cuando se pregunta por qué existe y para qué sirve el mundo y por qué en general hay algo, en lugar de nada, y por qué lo es así y no de otra manera. El hombre es el único ser que "se asombra de existir"; el sentido y el valor de la vida, nuestro destino, nuestra razón de ser, el en lugar de, en una palabra, el Potius-quam leibniziano, nada se libra de su curiosidad interrogante. Desde luego, no se trata de

preguntas que sea urgente o siquiera útil resolver; pero que una duda
nos roce, y he aquí que nace esa "necesidad metafísica" a la que
Schopenhauer consagró páginas inolvidables: la dicha en tanto que lo
supremamente deseable se vuelve problemática;[1] el dato empieza a
plantear interrogaciones y la propia vida nos parecerá, tal vez, menos
preciosa que las razones de vivir.

1. La conciencia del placer

Este poder de refutar las certidumbres comunes es una especialidad
de los filósofos. Si las ciencias nos ayudan a tomar conciencia del
dato, la filosofía tal vez podría llamarse la conciencia de las ciencias,
y la moral, a su vez, no sería más que la conciencia de esta conciencia;[2] toda conciencia encuentra así una conciencia más espiritual que,
por así decirlo, es su interior y se ajusta a ella. La moral, como la metafísica, empieza por rechazar evidencias; y la evidencia moral es el
placer. Gozar: esto es, según Aristóteles, la evidencia irreductible e
indeductible para un ser que se afirma en su ser, es decir, que quiere
existir. Así como la gnoseología —sobre todo la idealista— es prin-
cipalmente una reflexión sobre el dato sensorial, así la moral va a
parecernos, en un principio, una reflexión sobre el placer; una "reflexión", en otros términos: una negativa a coincidir, un gesto de re-
tracción por el cual el espíritu se desprende o se "reprende", deja,
por fin, de adherirse a sus propios placeres. En este pudor singular
se manifiesta bien la virtud propia de la conciencia, que siempre se
emplea en transformar las evidencias en problemas. Problema implica
distanciamiento: desde el momento en que un dato se vuelve "problemático", es decir, desde que abandona la región de las evidencias
que acallan toda pregunta, deja de ir por sí mismo, es proyectado
(προβάλλειν) o expulsado del espíritu a la lejanía de la objetividad. El
yo que en cierto modo coincide con la evidencia de su placer, ese yo
sabe en todos los casos lo que tiene que hacer y no se plantea ninguna pregunta; bien podríamos llamarlo el sujeto puro o el objeto puro.
Pero los términos mismos de que nos servimos, y que implican una
reflexión latente, son testimonio de la dificultad que se experimenta
al querer representarse un estado que fuera absolutamente afectivo
y, en cierto modo, extático; el objeto puro, como no es objeto para sí

---

[1] Brunschvicg, *Le Progrès de la conscience dans la philosophie occidentale*, p. 335,
nota 1.

[2] "*Ars Artium*, arte que juzga las artes", dice Léon Brunschvicg (*De la connaissance
de soi*, p. 164).

mismo, debe serlo, así sea por un segundo, para otro; pero así como el inconsciente sólo es pensable en relación con una posibilidad de conciencia, el objeto puro sería un contrasentido si sólo existiera para un espectador virtual del que lo imaginamos objeto y que se extenúa poco a poco en espíritu con el fin de obtener la evidencia pura, la ciega lucidez del inconsciente. Más adelante, el pensamiento volverá tal vez a la evidencia física del placer, pero el placer que encuentra ya no es el mismo que abandonó. Afirmar el valor del placer como dato, ¿no es, inadvertidamente, inocular al hecho algo de lo ideal? ¿No es reconocer que la naturaleza no es el único bien que hay en el mundo? Si la naturalidad tiene un "valor" es, sin duda, porque ya es un poco sobrenatural... la evidencia se empaña muy ligeramente en cuanto la consideramos en el espejo de la *self-conscience*. Pero, ¿cuál es el medio de contemplarse sin respirar? La imagen no puede reflejarse sin volverse doble. El hedonismo filosófico, lejos de ratificar el sentido común, se declararía más bien voluptuoso por reflexión, porque, si tomamos todo en cuenta, el dato es moral en sí mismo, y porque nada es más profundo que una evidencia superficial.

Como el realismo atribuye las cualidades sensibles a la *res ipsa*, así también la primera reflexión moral no se aleja de la voluptuosidad más que para regresar y justificarla; lejos de ponerla en duda, simplemente busca los medios de hacerla lo más completa, lo más duradera posible; establece algo similar a un criterio del más largo y del más grande placer. La crítica del placer se ejercerá, pues, en interés mismo del placer; esta primera conciencia de la acción lejos de descender a regiones sobrenaturales para violentarnos, se separa de nuestra naturaleza; su aspecto es un poco arisco, pero está a nuestro servicio, y sólo quiere hacernos bien. El placer nace del instinto y desemboca, por intermedio de nuestras tendencias, en placeres siempre nuevos; vamos literalmente de placer en placer a través de los deseos. Debajo del cortejo motor de nuestros goces se encontraría toda una madeja de tendencias entrecruzadas, un dinamismo inextricable de impulsos perpetuamente satisfechos y renacientes.[3] No hay goce perfecto en reposo (ἐν στάσει). Todo lo que, sistematizado, constituirá la Acción, figura ya en la maraña de las tendencias en cuyo extremo se encuentra la sensación agradable; ¿no se desarrollan las tendencias en la duración, en momentos sucesivos que retardan la satisfacción de nuestras necesidades? La experiencia de esta mediación biológica tal vez sea para el individuo la primera forma de la idea del tiempo; expe-

---

[3] La génesis del juicio moral a partir de la tendencia: tal es el tema del libro de D. Parodi, *Les Bases psychologiques de la vie morale* (París, 1928).

rimentamos que nuestros deseos no son instantáneamente satisfechos y aprendemos a conocer la resistencia del dato, no sólo en nuestras empresas mecánicas, pacientes y aproximativas, no sólo en nuestra lógica que suple, con sus laboriosas discusiones, la evidencia perdida, sino también en la espera pura y simple de un placer aguardado. Es decir, que el individuo va a maquinar las máquinas para tratar de abreviar su espera; el margen que se establece entre el deseo y la realidad solicita nuestro esfuerzo: para anular esta separación tenemos un cerebro que nos permite temporizar y "hacer venir", una inteligencia que anda a tientas, pero infinitamente astuta y previsora en sus cálculos. Se organiza así, madurado por la memoria y por las lecciones de la experiencia, un "arte de la dicha" cuya prudencia elogian todos los moralistas, y que reposa ya sobre una economía. La "economía" de la dicha (οἰκονομία) se asemeja a la economía del Dios leibniziano que con una voluntad antecedente quiere el bien absolutamente, y, con una voluntad consecuente, el mejor de los mundos posibles. Se comprende, entonces, por qué este optimismo —en el que por cierto, entra, más sabiduría que alegría— se resigna ordinariamente a un superlativo relativo, es decir, a "la mejor de las vidas" en lo posible (ὅσον δυνατόν), en tanto que esta vida es posible en un mundo en que no todos los placeres son compatibles y en que toda ventaja se paga. La dicha, que racionaliza nuestros placeres, designa el punto medio o resultante de todos estos factores divergentes, lo que en el lenguaje de la *Teodicea* se llamaría la "vía oblicua"; y la técnica de la dicha no es otra cosa que el conocimiento de las condiciones exteriores en medio de las cuales se realizará, durante nuestra vida, la mayor cantidad posible de placer; hay aquí un régimen material que se debe seguir, un tratamiento que se debe conocer; si nos sometemos a él, aprendemos a tener paciencia, a ser razonables; ¿no nos han prometido que a todos nuestros deseos les llegaría su turno?

Yendo hasta el extremo límite de la abstracción se obtendría, más allá de la propia dicha —que es la promesa de un placer futuro— algo parecido al Interés de los utilitarios. El interés reposa sobre la esperanza de una voluptuosidad extremadamente remota y que tal vez no llegará nunca; a fuerza de ver a lo lejos, la razón dilatoria acaba por ir contra su propio objetivo; calcula con tal anticipación los medios, instrumentos y condiciones de placer, que se olvida de hacérnoslo gustar, y aplaza al infinito el término de la dicha. Este engaño, ese suicidio son testimonio del poder disolvente de una razón que quiso ser demasiado previsora y que ya no tiene tiempo de realizar todo ese capital abstracto en dicha efectiva, en salud, comodidad y beneplácito.

Pero los utilitarios triunfan sobre este mismo aborto, que les permite recuperar mediante un hábil escamoteo casi todas las máximas del altruismo. Puesto que renunciamos prácticamente a todas esas buenas cosas sólidas y concretas cuyo interés aplaza el gozo, lo menos que puede esperarse es que se nos tome en cuenta. Mi interés "bien entendido", ¿no falsifica perfectamente la abnegación pura y simple? Entre la pura ley moral y "la mayor dicha posible del mayor número posible" la diferencia parece indiscernible. Este egoísmo de gran alcance y, si no inspirado por la buena voluntad del deber, al menos en el sentido kantiano "conforme" a esta buena voluntad, es una imitación casi perfecta de la virtud; se le parece como una muñeca a un ser vivo; ¡sólo le falta lo esencial! Falta el amor que es el alma de la inspiración virtuosa: aparte de ello, tiene todas las apariencias.[4] La idea del interés, pasando por la aritmética, ha perdido por completo su matiz afectivo y esta especie de sensualidad, este calor envolvente y esta intimidad que aún están en el fondo de la dicha más directa y más prosaica, pues es posible no hacer en toda la vida más que cosas útiles sin ser jamás feliz. He aquí, pues, que nos hemos vuelto ascetas por utilidad. ¿Quién hubiese soñado con una armonía más milagrosa entre mi conveniencia y mi deber? El interés es en realidad el ascetismo que se vuelve atrayente, la santidad al alcance de todos; estamos interesados en el sacrificio, y la moral aparece, en suma, como un feliz acontecimiento.

Esta comprobación demasiado tranquilizadora debiera ponernos en guardia, sin embargo, contra la dialéctica de conciencia que, poco a poco, nos eleva del placer al interés. En una gradación tan ejemplar, encontramos el prejuicio fabricador y genetista del evolucionismo, siempre inclinado, como tan claramente lo mostró Henri Bergson, a construir el instinto con pequeñas diferencias, o bien a extraer progresivamente el amor de la humanidad del amor de la familia, pasando por el patriotismo. Trazar una gran línea recta entre el placer y el interés y, sin tener que atravesar las crueles discontinuidades del rigorismo, obtener la Caridad al extremo de este magnífico crescendo: ¡qué tentación para nuestra inteligencia mecánica! ¡Y qué consagración para nuestro egoísmo! Sin embargo, la regularidad misma de esta gradación nos indica hasta qué punto es artificial y sospechosa. Acabamos de mostrarlo: el placer contiene ya todo lo que es necesario para una moralidad razonable, pero a esta razón la contiene virtualmente; del placer al interés el progreso no es, por tanto, más grande que de la cólera de

---

[4] Cf. lo que Delvolvé dice de los "Sistemas de disimulo", *L'Organisation de la consciente morale* (París, 1907), p. 27.

los impulsivos a la venganza de los rencorosos: opera aquí el mismo
instinto de agresión, pero en el primer caso se descarga en reacciones
inmediatas mientras que, en el segundo, se reserva por medio de
sabias represalias; impaciencia o resentimiento: la naturaleza siempre
es la naturaleza. Tan sólo nuestros placeres, entregados a sí mismos, forman un sistema anárquico y hasta contradictorio; sin la reflexión que
los disciplina se destruirían unos a otros, pues cada uno quiere para sí
mismo todo el lugar. Por tanto, es verdad que mi dicha no difiere
de mi placer ni en intensidad ni, propiamente hablando, en perenni-
dad: ni en cualidad ni siquiera en cantidad; pero sí es más racional; se
distingue, como la pasión de la emoción, por su lógica superior, por
su coherencia. Se organiza así, poco a poco, una conciencia de la
acción, una conciencia "práctica". Hacer no es aún Actuar; y el eudemonismo, que desdeña la voluptuosidad barata de día tras día, y aun
de minuto a minuto, nos familiariza por primera vez con la praxis, es
decir con una actividad encadenada, con "asuntos" a largo plazo, con
grandes empresas arriesgadas, de las que vemos el principio pero no
siempre el desenlace, y que a veces van a perderse entre las nubes...
Pese a toda su intelectualidad, esas empresas están, sin embargo, al servicio de nuestro placer. ¿Qué es la dicha, si no la gran diagonal que
trazamos en medio de las voluptuosidades divergentes de la vida y
que de ellas retiene, en forma de honores, riquezas y ventajas variadas,
el mayor bienestar posible? Para ello llegaremos, desde luego, a ponernos a dieta, pero dieta no es virtud. Y asimismo las mortificaciones que nuestro interés nos impone no son más que sucedáneos negativos del sacrificio: entre la promesa indefinidamente diferida y la
renuncia global, espontánea, súbita, no hay ningún pacto posible,
ninguna transacción, y nadie llega a alcanzar la virtud a fuerza de
paciencia.

¿Habrá que recordar, por cierto, que el interés —id quod interest—
que muestra a mis tendencias el camino de la menor resistencia, no
carece primitivamente de relaciones con mi atención o mi curiosidad
sensoriales? Principio de evaluaciones egoístas, el interés atrae y hace
converger las tendencias. Cuando, por un refinamiento de prudencia,
les impone el ayuno, la conciencia interesada no se convierte en conciencia heroica; sigue siendo interesada, pese a todas sus triquiñuelas.
El amor al prójimo no es una perífrasis o una circunlocución del amor
de sí mismo, el amor al otro es de otro orden, al no ser el propio
"Otro", pese a la Ética Nicomaquea, sucursal del Ego, un otro yo
mismo: ἄλλος αὐτός.

Vemos así que, por más que esta conciencia sutilice indefinidamente sobre el placer, aunque quede prisionera del placer, no pone en duda su valor. Se alegará que su marca distintiva es la racionalidad, y que razón significa desinterés; la razón es el poder de hacer a cada cosa lo suyo, de hacer justicia a todas las existencias, de ver, por último, todos los lados de todas las cuestiones; la razón, como el Dios de Leibniz, "tiene más de una visión en sus proyectos", trasciende la unilateralidad de los "puntos de vista" autistas. El que dice razón dice equidad e imparcialidad. Sin embargo, comprender no es forzosamente amar, y la clarividencia, por muy razonable que sea, no puede ocupar el lugar del perdón y de la bondad. La razón es tolerancia y objetividad, pero si no desprecia nada, entonces tampoco respeta nada: "Ninguna sustancia no es absolutamente despreciable ni preciosa ante Dios".[5] Desinteresada sí lo es, por cálculo, pero no por vocación; mejor aún: es desinteresada antes que generosa, si se puede alcanzar la dicha evitando un sacrificio, ¡evitemos sacrificarnos! No es el sacrificio el que importa —y no es más que un medio—, sino la dicha; los sufrimientos son un remedio para salir del paso, y la razón no nos los inflige de buen grado: forman parte de su economía. Los justos son desinteresados por desinterés, pero la razón es desinteresada "por razón", es decir, hipotéticamente; mejor que "desinteresada" se debería decir "indiferente", pues es una justicia totalmente negativa, el cuidado de no atribuir a uno más que a otro, de no favorecer a nadie, de abolir, finalmente, todo privilegio, toda jerarquía de valores; hasta la imparcialidad que es, ante todo, abstención y comedimiento, expresa bien el carácter impersonal de esta triste virtud sin espontaneidad, sin simpatía, sin calor. ¡Si al menos la dicha estuviese en el final de toda esta sabiduría! La razón, ¡ay! no nos enseña más que a hacer buen papel entre las tristezas del mundo; esto se llama, justamente, "hacerse una razón". ¡Nadie se atrevería a exigirnos alegría! El sabio de la Teodicea ha jurado poner al mal tiempo buena cara, y sonreír al infortunio, y comprender el escándalo de la injusticia inmanente; no pondremos mala cara a los males necesarios... La razón se sobrepasa en las consolaciones y su optimismo nos alienta a seguir de buen humor... de todos modos... pero sabemos que no hay de qué alegrarse. Así, no es la razón la que nos ayudará jamás a vencer y crucificar a la naturaleza. Y es que, en el fondo, donde hay mucha razón rara vez hay mucha virtud. La moral ha debido ser racional una vez, al principio, el tiempo preciso para superar el goce instantáneo, y porque hay que conocer aquello de que se reniega; no es irracional sino suprarracional; es más que razón.

---

[5] Leibniz, *Teodicea*, § 118.

2. La conciencia dolorosa del placer

Una reflexión sobre la voluptuosidad, por muy aguda que sea, sólo produce complicaciones de voluptuosidades. Si la conciencia moral es esta reflexión, debemos decir que la conciencia moral es indiscernible de la conciencia a secas: critica el placer como criticaría cualquier otra cosa, y para distinguirse no tiene más que su objeto. Llamemos *conciencia intelectual práctica* a esta simple conciencia aplicada a los placeres; y busquemos si no hay otra *conciencia moral* que esta conciencia intelectual práctica. Para empezar, la conciencia (a secas) no es una mala conciencia; nos da la distancia gracias a la cual el espíritu se despega del objeto, lo transforma en espectáculo, se da, por fin, una vista panorámica; es una conciencia indiferente y, como nos lo enseña la virtud del ocio y de las especulaciones libres, antes bien sería feliz; apoyada en sus recuerdos y sus previsiones, nos entrega presencias, es decir readaptaciones urgentes, y nos inicia en la contemplación desinteresada. Fuera de esta conciencia dichosa, bastante libre de jugar y hacer malabarismos con sus objetos, todos hemos experimentado otra conciencia que no llega nunca a deshacerse enteramente de los suyos. Como la primera, ésta comienza por una crítica, es decir por un gesto de retirada y negativa a coincidir; pero a la negativa de coincidir se mezcla, como una obsesión, el dolor de haber coincidido, la comprobación desesperante de que el objeto continúa, pese a todo, formando parte del sujeto. Una y otra conciencia se esfuerzan por plantear problemas; mas, para la conciencia especulativa, los problemas ya están resueltos porque son problemas y porque hemos tomado la precaución de evitar su contacto; aun en el momento en que tomamos nuestras propias experiencias por objeto, nos es fácil transformarlas en "muestras" abstractas y "especímenes" psicológicos, y esto basta para tranquilizarnos o, conceptualizando la cualidad, para prevenir las delicadezas escabrosas del pudor. Para la conciencia moral, por lo contrario, el problema exige estar perpetuamente negado a la objetividad: diríase que un hilo elástico e invisible, que se encoge en cuanto lo extendemos, no deja de remitirlo a nuestra conciencia. Es imposible deshacerse de él; hay que arrastrarlo detrás de uno como un apéndice del espíritu. Así, pues, en lugar de que las almas conscientes respiren con ligereza entre cosas gratas, obedientes y familiares, las almas *concienzudas*, llenas de problemas de los que no logran deshacerse, multiplican en torno de ellas las causas de tormentos; ya no pueden quitarse esta túnica de Neso; son como las almas demasiado amantes que, al entregarse fácilmente, acaban por depender de todo el universo. Una conciencia dichosa, lúcida y sana es aquella cuyos objetos siguen absorbidos en la lejanía del mundo exterior; la mala conciencia, por lo contrario, se ve rodeada de todos lados por superficies reflejantes sobre las cuales los problemas rebotan; por doquier las cosas le regresan su propia imagen; ella quisiera salir de sí misma y por doquier, sólo a ella misma encuentra. Hay en ella, pues, dos movimientos opuestos y simultáneos: un esfuerzo por alejarse y una tendencia a adherirse. Esta repulsión, contrariada por esta pertenencia: he aquí toda la inquietud de la mala conciencia.

Estar consciente o descontento: lo uno vale tanto como lo otro. Pero ocurre aquí que la conciencia especulativa se cura de su desgracia previniendo todo reflejo del objeto sobre sí misma. Esto se llama conocer. La conciencia nos aparece, en este aspecto, como un movimiento "eferente" y sin ningún retorno sobre sí misma: es el espíritu el que reflexiona sobre las cosas, y no las cosas sobre el espíritu. ¿Profundizarse, conocerse a sí mismo? "¡Gott soll mich auch davor behüten!" [6] Es el secreto de la sabiduría de Goethe, sabiduría enteramente clásica y estética, orientada exclusivamente hacia la objetividad. A Charles Du Bos le gustaba citar esta frase que conjura de antemano todos los maleficios de la autoscopia, de la autobiografía y de la autolatría: "Nunca he pensado sobre el pensamiento. He sido sagaz." Nos gusta hablar de la virtud consoladora del saber; comprender sería, en efecto, convertir el dolor en conocimiento, fijar la conciencia en las cosas de modo que ella se pierda allí y no refluya jamás; como la conciencia del médico que, transformando el dolor mismo en objeto, estudia en propia carne la evolución de un mal implacable. Tener conciencia de la falta es estar más allá de ella, dijo Louis Lavelle. La conciencia especulativa es, si puede decirse, una conciencia que "se hunde", se adhiere sólidamente a la exterioridad y pone en la contemplación de los fenómenos una curiosidad de *diletantte*; la pasión pierde su virulencia a medida que nuestra razón la diluye en el descubrimiento de las causas innumerables e impersonales que la explican; [7] pues el sentimiento, que rebota dolorosamente sobre una persona aislada, se

---

[6] *Entretiens avec Eckermann*, 10 de abril de 1829. René Berthelot, *La Sagesse de Shakespeare et de Goethe*, pp. 149-151. Friedrich Gundolf, *Goethe* (París, 1932), p. 230.

[7] Spinoza, *Ética*, 5ª parte, proposición 9. *Cf.* III, 48 y 49 dem. Véase Guyau, *L'Irréligion de l'avenir*, p. 220. Friedrich Heiler describe en *Le Recueillement bouddhiste* una etapa análoga, la del triple saber público purificador, que conduce a la santa indiferencia por el recuerdo y el nombramiento de múltiples metempsicosis, el espectáculo de las desigualdades morales, el conocimiento de la cadena de las causas que hacen nacer el dolor (*Die buddhistische Versenkung*, Munich, 1922) Max Scheler, *Le Sens de la souffrance* ("Philosophie de l'Esprit"), pp. 36 y 53-54.

dejaría tal vez absorber por el universo, transportar cada vez más lejos por una consoladora necesidad. Max Scheler conoció bien esta táctica objetivamente. Pero la conciencia artista que aleja al infinito el punto de aplicación de nuestros sentimientos para impedirles regresar, no diluye el sufrimiento más que arriesgándose a diluir también la alegría. Cuando se ha empezado a desdoblarse, para encontrar el reposo hay que ir hasta las estrellas: ¿No hubiéramos conjurado más seguramente este malestar no saliendo jamás de nosotros? Pero que la conciencia se repliegue sobre sí misma, que no encuentre en el exterior ni la obra de arte para retenerla ni el socorro de la razón para evadirse a las lejanías del universo, he aquí que la conciencia se convierte en mala conciencia; recibimos, por decir así, en pleno rostro este esfuerzo que habíamos lanzado al mundo y que estaba hecho y planeado para fijarse allí, en nociones claras y en obras duraderas; al experimentar este fracaso el hombre reconoce que está condenado a un sombrío tête-à-tête consigo mismo. Pero si la vocación de la conciencia es una negativa a coincidir, esta conciencia perpetuamente obligada a dar media vuelta debe ser una conciencia abortada, una veleidad impotente, una vana reflexión que se contradice a sí misma, deshaciendo lo que había hecho. Algunos psicólogos explican la emoción como un "fracaso del instinto": la actividad, en lugar de descargarse en gestos eficaces, centrífugos y adaptados precisamente al mundo exterior, se detiene en la superficie del cuerpo y vuelve a nosotros en forma de una agitación estéril: tendencia que, como hubiera dicho Janet, no se activa, no encuentra su "derivación", esta tendencia vuelve sobre sus pasos y se convierte en emoción, es decir, en cosa resentida. Pero, ¿no sería aún más preciso considerar el dolor moral como un "fracaso" de la conciencia? La tendencia normal de una conciencia que llega hasta el extremo de su naturaleza consiste en olvidarse de sí misma, en huir, si es posible, del eco de su propia voz, de abrirse a todos los ruidos del mundo: reducida a girar en el círculo de un pensamiento del pensamiento, de una νόησις νοήσεως eterna, la conciencia desmembrada va a luchar desesperadamente contra esta sombra de sí misma, pues el pensamiento del pensamiento no piensa más que en ideas de ideas. La conciencia dolorosa es, pues, una especie de combate con la desdicha. Actuar cuando sólo se es agente, vivir cuando sólo se es paciente: esto no es doloroso; lo doloroso es el desgarramiento, la semiadherencia, continuar sufriendo un sentimiento que ya es objeto, o contemplar como espectáculo un acontecimiento que aún no se ha despegado de mí, es convertirse, en una palabra, en sujeto pasivo de alguna cosa de la que fuimos en parte espectadores. Es imposible, ya sea despegarse absolutamente del objeto, de modo que se convierta en simple cosa de la naturaleza, ya revocarlo por completo, de modo que recupere el no-ser de la inconciencia vegetativa; no podemos llegar al extremo de la conciencia ni desembarazarnos de la conciencia, y ésta es la fuente de todos nuestros tormentos. La semi-conciencia, al detenerse a medio camino con sus semi-objetos (que por ello mismo, son semi-sujetos), se hunde en la marisma de la intermediaridad estancada; y por ello, es el síntoma de nuestra condición mixta y tan incurablemente mediana, el signo diagnóstico de la confusión; y consagra, por consiguiente, nuestra mediocridad o medianería criatural.

No es, piense lo que piense Hegel, la "antítesis" como tal, la que constituye la desdicha. Por lo contrario, nada es más descansado que una antítesis que se decide a ser infinita y que, al excluir el amor, suprime también la enemistad: abstenerse de la unidad cuando la unidad está allí resulta bastante más difícil que renunciar a ella para siempre. Estas observaciones arrojarán, tal vez, cierta luz sobre la naturaleza del dolor en general. Es sabido que Bergson lo interpreta como el efecto de una tendencia motora sobre un nervio sensible:[8] la percepción refleja la acción, pero el afecto la absorbe; y es que aquí, al producirse la excitación en la superficie del cuerpo y ya no a buena distancia, el movimiento se repliega, por así decirlo, inmediatamente sobre la sensación y coincide con ella. Por tanto, la marca del dolor es la impotencia; arrinconado a las reacciones urgentes, el organismo ya no dispone de los ocios de la percepción, que le permitirían representarse las acciones virtuales o lejanas; la acción se desarrolla en el lugar, en el sitio mismo de la percepción, y por ello no hay imagen objetiva. Sufrir, dijo Louis Lavelle,[9] es la única manera que tiene una conciencia de actuar sobre su pasado. El sufrimiento es, pues, una acción irrisoria y en cierto modo contra natura. De allí proviene esta subjetividad del dolor que tanto intrigaba a Ribot.[10] Que el dolor corresponda a un sentido específico o a una categoría general de la vida afectiva, un punto parece claro: el dolor no resulta de una intensificación cuantitativa de las impresiones. Y asimismo el dolor moral, que es un reflejo ineficaz de la conciencia sobre un acontecimiento demasiado cercano de nuestra vida, difiere en su naturaleza de la conciencia eficaz: difiere de ella por ese muro invisible contra el cual la conciencia dolorosa viene a tropezar y que obliga al trabajo reflexivo a operar, como una vivisección, sobre

---

[8] *Matière et mémoire*, pp. 46-47 y 261. Sobre el tacto a la vez activo y pasivo en los reflejos, p. 18.

[9] *Observations sur le mal et sur la souffrance* (del mismo autor), p. 65. *Cf.*, p. 38.

[10] *Psychologie des sentiments*, p. 39.

nuestras experiencias aún recientes, y no sobre objetos verdaderos. El alma dolorosa tiene precisamente lo que necesita de conciencia para que su afecto sea su objeto, pero no lo bastante, sin embargo, para que este afecto no le interese más: va y viene, enloquecida, entre el "saber" y el "padecer". De allí le llega esta especie de lucidez cruel, estéril y monstruosa que es propia del dolor, físico o moral. Hay en el dolor cierta concentración de conciencia y una especie de vano rumiar que son ajenos a la alegría; la conciencia dichosa goza de sí misma porque triunfa sobre sí misma, porque se evade —sin olvidarse— en acciones entusiastas. Así como la alegría está hecha para la aventura, así el dolor se complace en las deliberaciones interminables; y cuanto más se hunde en ellas, más las saborea: diríase que encuentra allí una especie de delectación especial. "Sufrir, dijo Paul Valéry, es dar a algo una atención suprema." [11] Y de hecho, el dolor gusta de presentarse como una especialización aguda de la sensibilidad. El dolor físico, por ejemplo, proviene de la revuelta de un órgano que, en lugar de permanecer en la feliz inconsciencia de la salud, se vuelve para nosotros objeto, sin romper, a pesar de ello, el nexo de pertenencia que lo apega a nosotros; tomar conciencia de un órgano o sufrir de él: lo mismo da; Schopenhauer lo reconocería, no hay manera agradable de sentir la presencia de nuestro hígado o de nuestro corazón. Así ocurre al dolor moral: un sentimiento que debiera ser local o parcial, que debiera esfumarse en el coro armonioso de nuestra vida, invade y ocupa la totalidad del campo de la conciencia. Por su precisión absorbente, la conciencia dolorosa se asemeja a la pasión, a la que se podría definir como una "localización" o particularización obsesiva del alma: la conciencia dolorosa es una conciencia apasionada, apasionada porque es pasiva (pues sufrir es llevar la peor parte) y porque es unilateral. Pero hay que comprender bien que esta conciencia cancerosa sigue siendo nuestra conciencia; es una experiencia inalienable de nuestra persona. Por tanto, no se encuentra el reposo, sino en los dos extremos de la vida mental: sea en la inconsciencia, sea en la conciencia más extrema, en una especie de éxtasis en que alcanzaríamos el colmo de la objetividad, o sea en "rapto" místico o extroversión estética. Desde que se lanza por el camino que va de un límite a otro, el espíritu corre al encuentro de todas las angustias; a menudo se detendrá a medio camino, prisionero del círculo encantado en que lo encierra su conciencia; por más que se esfuerce, no llegará hasta la meta, no se evadirá de esta intimidad, de este análisis confinado en que se aburre. La conciencia dolorosa es como una conciencia varada: no, como la conciencia lúdicra,

[11] *Monsieur Teste*, p. 49.

una conciencia lo bastante liberada para ir y venir, por juego, entre la coincidencia pura y el puro desapego, sino una conciencia que se ha detenido en mitad del camino. La alegría consiste en romper este encantamiento. El dolor queda preso en la trampa. El dolor es una conciencia bloqueada.

La conciencia, nacida del dolor, se agranda a través de toda clase de amenazas dolorosas.[12] Y es que toda conciencia es más o menos "adhesiva": no hay conciencia perfectamente libre, sobre todo desde que nuestros placeres entran en juego. El dolor es en cierto modo la mala conciencia de nuestros sentimientos y, a la inversa se podría tal vez llamar a la conciencia el dolor metafísico del espíritu: tal es, sin duda, la verdadera significación de esta "conciencia desdichada" que Jean Wahl ha estudiado con profundidad admirable en la doctrina de Hegel.[13] De este modo, todo sentimiento envuelve su conciencia naciente, que bien podría llamarse su dolor naciente. En lugar de pretender, con el pesimismo, que no hay placer sin mezcla, habría que decir, antes bien, que todos los placeres envuelven su dolor, es decir, una posibilidad de conciencia que los envenenará, los hará frágiles, desafiantes, desconfiados; apenas empezamos a vivirlos cuando ya proyectan una sombra de sí mismos, infinitamente ligera y fugitiva, y esta sombra es como su conciencia elemental. Para ser perfectamente feliz habría que no saber nada de la dicha propia; pero, ¿ha habido jamás un solo sentimiento humano, por muy puro que sea, que no rozara alguna reflexión imperceptible? He aquí la verdadera maldición, la Némesis de la que habla Schelling y que, al proponernos el saber, enturbia el claro espejo de la inocencia. El drama antiguo ha expresado en profundos símbolos este pudor de una dicha que teme despertar los celos de los dioses. Tomar conciencia del propio placer es percibir que sólo es un pobre placer sin mañana, que él nos deja eternamente inquietos, deseosos, famélicos. La conciencia no se limita, pues, a hacer del placer un objeto: manifiesta su insuficiencia, lleva consigo la primera duda que lenta, solapadamente, va a socavar nuestra dicha. "El gusano está en el fruto... y el remordimiento en el amor."[14] Tal es un principio de angustia.[15] Es, además, un principio de duración. Acabamos de ver cómo uno de los primeros efectos de la disociación consciente, es decir de la "toma de perspectiva", era la representación del porvenir; el espíritu, cada vez más distante, aprende a tener en cuenta las cosas ausentes,

---

[12] Samuel Butler, *La Vie et l'Habitude*, traducido del inglés por Valery Larbaud.
[13] Jean Wahl, *Le Malheur de la conscience dans la philosophie de Hegel* (París, 1929).
[14] Verlaine, *Never more*.
[15] Proust, *À l'ombre des jeunes filles en fleurs*, I, p. 181.

más incluso que las presentes, a preparar el placer que aún no existe, a dar por descontado, por último, el futuro, lo posible, lo inexistente. Pero al familiarizarse con el ser del no-ser, mide también el no-ser del ser, es decir, la nada de esas frágiles voluptuosidades que una mens momentanea pudo creer eternas. La primera preocupación que nuestras voluntades nos inspiran es, por tanto, la de su porvenir. ¿Durarán? El temor de que sean efímeras es el primer dolor del placer... No hay placer, por instantáneo que sea, que no envuelva un principio de tiempo. ¿Hemos de decir aquí de la instantaneidad o del "presente" ideal todo lo que ya se ha dicho del inconsciente y del objeto puro? No se puede hablar de esas cosas delicadas y frágiles más que en un lenguaje forjado, él mismo, por el lenguaje de la reflexión, es decir, de la desdicha: por poco que pensemos en ello, y por muy ligeramente que nuestras proposiciones la rocen, la voluptuosidad se evapora. Y sin embargo, ¡hay que pensar en ello si se quiere organizar nuestra dicha! El pensamiento intentará, pues, hacerse muy pequeño y lo menos estorboso posible; se volverá tenue como un suspiro, aligerará poco a poco las pesadas y macizas nociones de tiempo, de conciencia y de objeto, con la esperanza de encontrar algo como el presente puro y que no es, en el fondo, más que un tiempo infinitamente enrarecido: tales "...esas torpezas que se representan la materia tan sutil, tan refinada, que tienen en sí mismas el vértigo y se imaginan haber forjado un ser a la vez espiritual y extenso".[16] Puesto que el presente es un momento, nunca está solo: ya debe definirse en relación con un mínimo de pasado y de futuro subentendidos: Hay que decir de la conciencia en general lo que Pierre Janet observaba del Cambio:[17] que es imposible hablar de él sin emplear un lenguaje que lo presuponga. La temporalidad siempre es solícita. ¿Habrá que no pensar jamás en la dicha ni vigilar los placeres? Pero, ¿quién podría ser feliz a ese precio?

Si el dolor es una conciencia contenida, la conciencia del placer será casi siempre el dolor del placer. Nuestros placeres no son, en efecto, objetos como los demás. De todos los objetos que podríamos conocer, el placer es el que más se adhiere a nuestra existencia personal; su expulsión deja una herida que sangra largo tiempo. El dato sensorial, desde luego, pero ¡cuánto más evidente la voluptuosidad! Entre ella y nosotros hay una complicidad tan íntima, una atracción mutua tan irresistible, una connivencia tan profunda que estamos seguros de traer a nosotros, un día u otro, las caras evidencias que hemos lanzado al espacio. Este carácter totalmente privilegiado del "objeto" agradable

---

[16] Kant, *Kritik der praktischen Vernunft*, ed. Cassirer (Berlín, 1914), p. 27.
[17] *L'Evolution de la mémoire et de la notion de temps* (París, 1928), pp. 84-85.

opone profundamente la reflexión práctica a la reflexión especulativa. Esta última, por cruel que sea, no es absolutamente contra natura; cierto, nos cuesta creer en ella y mantener en nosotros mismos el desafío filosófico ante el sentido; pero por otro lado, ¿no corresponde también la objetividad a una tendencia absolutamente natural del espíritu? Hay un cierto declive de nosotros a las cosas, que nuestros estados de conciencia toman con gusto, arrastrados por su pesadez propia y por esta curiosidad de espíritu que en nosotros es tan instintiva como la confianza. La reflexión gnoseológica nos pide, en suma, reaccionar contra una excesiva credulidad, y no exige ningún sacrificio desgarrador. Además, fácilmente se crea en nosotros cierto hábito del desafío que sobrepone de una vez por todas a nuestra primera naturaleza una segunda naturaleza crítica e irónica: no siempre hay que rehacer el esfuerzo. La conciencia dolorosa es a la conciencia especulativa un poco como, según Schelling, los sacrificios paganos al sacrificio de Cristo. Jesús muere una sola vez por todos los hombres; pero Dionisos no ha acabado nunca de esforzarse; y asimismo, la esencia del sacrificio moral es que hay que morir perpetuamente. Arrojad el placer por la puerta, y volverá por la ventana. En este juego de escondidillas al que se entrega nuestra conciencia, el placer muestra un ingenio increíble; criatura proteiforme, sobresale en el arte de sorprendernos con sus trucos, y todos los maquillajes le sirven. Por ejemplo, es maestro en el arte de componerse un rostro razonable, virtuoso y hasta ascético, y el estudio del utilitarismo nos ha revelado algunas de las metamorfosis mejor logradas de la voluptuosidad. Se dirá que precisamente utilitarismo, eudemonismo y hedonismo, según nuestro propio lenguaje, son producciones de la conciencia especulativa; pero esto sólo demuestra una cosa: que la propia conciencia especulativa no puede deshacerse de las evidencias afectivas así como se deshace de las evidencias intelectuales; critica su modo de ser, pero no rechaza su razón de ser; quebranta sus condiciones pero no su principio; mejor aún, se "representa" lo que en el placer es representable o *teórico*; hace todo lo que puede hacer. Para librarse de la evidencia práctica del placer, para despedir esta realidad viva, efectiva, personal, que está acoplada a nuestra propia carne, para evacuar el tropismo del acuerdo, se necesita un acto que sea, él mismo, de naturaleza drástica, una decisión arbitraria de la voluntad; y esta decisión es cruel entre todas, al tener que desenmascarar los subterfugios más imprevistos y más desesperados del placer; esta vez el placer se defiende con encarnizamiento, pues para él no sólo se trata de su aplazamiento, sino de su existencia misma. La conciencia moral es más rechazo que negación: no nos pide negar, sino renegar. Por tanto, si la conciencia intelectual del placer nos parece desgarradora es porque nosotros ya la juzgamos como moralistas; por el contrario, desde el punto de vista especulativo, cuanto más lejano es el placer, más difícil le es inducir en nosotros una corriente de retorno, una especie de in flujo aferente que nos atormentaría: de modo que el "ascetismo" utilitario es, aquí, bastante más reposado que el epicureísmo, que sigue en tête-à-tête con la voluptuosidad. Sin embargo, el placer es un dato que nos interesa demasiado íntimamente para que la conciencia especulativa del placer no sea justificable, ella misma, ante la moral. En cuanto ponemos en duda el valor del placer como placer, esta reflexión especulativa se arriesga a ser una reflexión fraudulenta y que miente a sus promesas. Nadie se atrevería a acusar de hipocresía a un idealismo que recupera finalmente la cosa en sí; por lo contrario, una crítica moral que desemboca en el placer debe ser sospechosa; el placer es para ella no sólo una conclusión, sino un fin, y ella desemboca allí sin saberlo en virtud de un razonamiento justificativo; recupera, por tanto, lo que estaba decidida a guardar, pues su vocación hubiese consistido en refutar los fundamentos del placer, y no sólo sus modalidades. En moral, no hay conciencia a medias; toda conciencia a medias es una seudoconciencia, y los hombres sinceros no se cansan de denunciar en y alrededor de ellos los sofismas en germen que permiten al placer regresar de contrabando, mientras desempeña la comedia de la virtud. No se puede ser más o menos asceta; la razón consciente puede adoptar ante sus objetos una actitud honorable de desapego mediano, pero el alma concienzuda se sabe desgarrada entre todo y nada; y aquélla siempre está a sus anchas, pues no nos ha prometido renegar del dato sensible; pero ésta, al no querer deshacerse completamente del placer ni coincidir con él, siente todas las angustias de la mala conciencia.

No hay, pues, otra conciencia absolutamente dolorosa aparte de la conciencia moral. Cualquier otra conciencia es más o menos dichosa o indiferente o consolable. Aquélla no sólo manifiesta la vanidad del placer o su fragilidad, sino que quebranta su valor. El arte desprende una belleza en el dato popular; pero la ética reniega de todo dato porque el deber dice "No" al datum. La gnoseología y la matemática critican simplemente las evidencias del sentido común; pero la ética vomita las evidencias vulgares del ego. La mala conciencia del placer puede ser simplemente el temor de que ese placer determinado no sea un verdadero placer: pero la conciencia moral es el sentimiento de que el placer en general no vale nada. Una de ellas guarda en el fondo el amor al placer, la nostalgia de las voluptuosidades completas, múltiples, eternas; se forma de ellas tan alta idea que, en su miseria, acude al consuelo de una dicha que pueda organizarse, de una dicha que sería este ideal del "verdadero placer". La otra tiene horror al placer, lo encuentra no sólo insuficiente, sino detestable en sí mismo... La primera es, en suma, como un realismo exigente que denunciara por doquier las ilusiones ya que respeta la realidad y para eliminar minuciosamente la apariencia. La segunda toma como norma, no el verdadero placer, sino una ley sobrenatural que no tiene ninguna relación con el placer; pone en duda lo que hay de más esencial en nuestra persona, se pregunta si una cierta disposición intencional es buena o mala. Ahora bien, el juicio axiológico no se fracciona. De allí se sigue que la condena moral, como lo habían comprendido los estoicos, responde a la alternativa tajante y simplista de todo o nada; y la crítica gnoseológica, por lo contrario, admite todos los grados de lo comparativo, todos los "distinguo" y todos los "quatenus": más o menos cierto, cierto en tanto que esto es falso en tanto que tal, verdadero desde un punto de vista, falso desde otro, verdadero partitativamente y con tales o cuales reservas circunstanciales, el dato admite el espaciamiento escalar de las transiciones. Para la conciencia razonable, el placer de un momento es menos "verdadero" que la dicha. Para la conciencia moral, por lo contrario, la relación del egoísmo con el sacrificio no es la de la copia con el modelo, o del más con el menos: no es una sombra que debemos sacrificar, sino la naturaleza misma. Una disyunción absoluta impone una opción sin componenda ni términos medios: hay que tomarlo o dejarlo: tal es el ultimátum que la conciencia moral nos dicta. Además, las paradojas idealistas, si bien tropiezan con el sentido común, no son totalmente absurdas; hay algo verdadero objetiva y científicamente exacto en esta proposición: las cualidades sensibles no son más que un efecto de nuestra representación, y nos exponemos a fracasos humillantes si confundimos lo real con lo percibido. Por lo contrario, no es razonable ni útil renegar del placer; nuestros placeres son realidades absolutamente originales, y sin embargo la virtud los trata como enemigos, pues la virtud representa aquí el "orden del corazón", es decir, una ley no escrita que no tiene nada en común con la higiene individual ni con el bienestar social, y ni siquiera con lo que, en tono importante, llamamos "el interés superior de la Verdad".

3. La conciencia moral

Somos, en adelante, capaces de diferenciar sin equívoco la conciencia intelectual de la conciencia moral. La conciencia intelectual es el poder de volverse espectador de todos los acontecimientos en los que nos vemos mezclados como actores, con el fin de conocerlos "imparcialmente". Mientras se trate del no-yo, la pretensión de querer juzgar sin pasión ni "participación" no es demasiado grande. Pero la conciencia lleva tan lejos la sangre fría que se vuelve sobre sí misma para analizar sus propias operaciones: esto es lo que Kant llama enérgicamente el "descenso a los infiernos del conocimiento de sí mismo"; el arte de la reflexión consiste aquí en aproximar sin confundir, en conocer, en cierto modo, "de más cerca", en obtener, por último, un objeto casi indiscernible del sujeto, aunque todavía separado de él por un fino corte de reflexión; para sorprender en sí mismo los secretos más misteriosos del espíritu habría que hacer casi invisible este umbral y reducir lo menos posible, sin anularlo, el intervalo que va desde el sujeto hasta el objeto.

Es este pasaje en el límite el que tal vez represente la intuición bergsoniana como, en general, todo esfuerzo por instalarse en pleno movimiento en la operación espiritual; la dificultad está en no recaer en la extrema distancia del saber indiferente, ni en la pura coincidencia pasiva, en aproximarse a ese gran fuego sin consumirse en él; esto exige prodigios de equilibrio, una gran prudencia y una profunda cultura espiritual. Ciertas conciencias poseen, por naturaleza o por hábito, una flexibilidad muy especial que les permite articularse en sujeto y en objeto, apuntar, sin ir más allá, al punto exacto y delicado a partir del cual el espectador influirá sobre el espectáculo, y obtener así una imagen particularmente minuciosa de su propio mecanismo: como la experiencia de esos virtuosos que tratan de desarrollar la independencia de sus dedos, es decir, la capacidad de cada uno de ellos de resistir al arrastre de los demás; "el arte de desligar los dedos" tal vez no sea otra cosa, bajo este aspecto, que el aprendizaje de cierta "imparcialidad" motora, como a la inversa la conciencia de sí mismo habituada a la abstracción tal vez, no sea otra cosa, que cierto virtuosismo introspectivo. Este esfuerzo de imparcialidad es penoso, pero no sobrehumano. La dificultad consiste en mantener separadas dos experiencias vecinas a las que todo acerca y que, apenas disociadas, inmediatamente pretenden fundirse y totalizarse nuevamente; a menudo sólo se les logra retener mediante un verdadero *tour de force*. Mas, para terminar, la introspección especulativa sólo existe en la medida en que existe esta distinción. En suma, el problema consistiría simplemente en verse sin contemplarse. No es posible contemplarse en un espejo sin sorprender nuestra propia mirada; en ese sentido, debemos decir que casi nunca nos hemos *visto* a nosotros mismos objetivamente, puesto que en todas nuestras imágenes esa mirada —nuestra mirada— nos persigue, lo que en cierto modo es el eco de nuestra propia operación, es decir, el estigma del sujeto. "Es totalmente imposible que un hombre diga lo que piensa, o simplemente que lo sepa, si se observa pensar." [18] El problema es, por tanto, el siguiente: disociar en sí mismo el "ojo" y la "mirada", separar por sorpresa el yo auténtico de este otro yo mismo que posa al contemplarse. El autoanálisis y la autognosis parecen siempre más o menos acrobáticos o monstruosos.[19] Pero tranquilicémonos: no es la misma parte del yo la que en el mismo momento y en el mismo punto de vista es el espectador y el espectáculo; esas contradicciones sólo son tolerables para una conciencia resuelta a vencer la lógica o a no dejarse capturar en ningún círculo vicioso; la conciencia especulativa no piensa, al ventilar y articular su discurso, más que en destilar sus conceptos para que no sean más que ellos mismos y sin mezcla con ningún otro, en administrar un vacío, por minúsculo que sea, entre el sujeto y el objeto. La dificultad del conocimiento de sí mismo es, por tanto, una simple dificultad psicológica: ¿cómo pensar, aparte del yo, en un objeto tan próximo a ese yo? Entre el mayor alejamiento que es condición de toda visión serena, y la mayor proximidad, única que nos da imágenes detalladas, individuales y flagrantes, arrebatadoras de relieve y de vida, ¿cuál es la distancia "óptima"?

El problema de la conciencia moral es, por lo contrario, un verdadero problema metafísico: ¿existe una conciencia sin ninguna distancia? Aquí, toda nuestra imparcialidad no servirá de nada; no es cuestión de esfuerzo. La conciencia moral consiste precisamente en "participar", y lejos de huir de la impureza, hace alarde de ella. En general, ¿cómo es posible esta conciencia? Es sabido que Sócrates, en el *Carmides*, negaba que las cosas pudiesen "ejercer sobre ellas mismas su propia virtud", τὴν ἑαυτῶν δύναμιν πρὸς ἑαυτὰ σχεῖν,[20] y asignaba a cada ciencia un objeto, ὃ τυγχάνει ὂν ἄλλο αὐτῆς τῆς ἐπιστήμης.[21] Como la vista se ejerce sobre los colores, y el oído sobre los sonidos, y la voluntad sobre el bien, y el amor sobre la belleza, así toda ciencia es relativa a un ἕτερόν τι, entiéndase a los μαθήματα que son distintos de sí misma; diríase en el lenguaje fenomenológico de hoy: toda ciencia es la ciencia intencional

---

[18] Alain, *Préliminaires à l'Esthétique,* p. 240.

[19] Son conocidas las célebres objeciones de Comte contra la introspección en la primera lección del *Cours de philosophie positive.* Cf. Höffding, *Esquisse d'une phychologie fondée sur l'expérience,* pp. 21, 29; y Lalande, *La Psychologie, ses divers objets et ses méthodes, apud,* Dumas, *Traité de psychologie,* I, pp. 14-18.

[20] *Carmides,* 168 e.

[21] 166 a y, en general de 164 d a 171 c. Cf. Plotino, *Eneadas,* V, 3, especialmente §§ 8 y 10 y la noticia de Émile Bréhier (ed. Bude, París, 1931), pp. 37-48.

de algo (τινός), se ejerce sobre otra cosa que sobre sí (πρὸς ἄλλο) y lo mismo dice Plotino: εἰκόνι προσήκει ἑτέρου οὖσαν ἐν ἑτέρῳ γίγνεσθαι... o, asimismo: "la visión debe ser visión de algo", ὄντος τινὸς ἄλλου ὅρασιν δεῖ εἶναι, μὴ δὲ ὄντος μάτην ἐστι. En cuanto a Aristóteles, si no ve ningún inconveniente en hablar de "filautía", en cambio al disertar sobre la justicia niega que el individuo pueda tener una relación consigo mismo (αὐτῷ πρὸς αὐτόν).[22] Pero, ¿no se puede afirmar, tratándose de lo que hemos llamado la introspección especulativa, ἐπιστήμη ἑαυτοῦ = ἐπιστήμη ἄλλου? Se necesita un dogmatismo ingenuo para exigir que el espíritu reciba del exterior, en el acto de conocer, una *species* totalmente reflexiva.[23] En resumen, debe existir algo como el *intellectio abdita* de Campanella, una intelección íntima y rápida que aproxima objeto y sujeto, de tal suerte que imita la instantaneidad de una visión inmediata. Sin embargo, el desdoblamiento sigue siendo muy visible, y no se reprocharía al sujeto contaminar al objeto si no fuese idealmente distinto.[24] En la conciencia moral, es lo mismo lo que es en el mismo momento el sujeto y el objeto; no es, como el αὐτοκίνητον de Aristóteles, motor por un extremo, y movido por el otro; ni siquiera objeto bajo una relación y sujeto bajo la otra relación: no, lo es todo entero y desde el mismo punto de vista objeto y sujeto, o, mejor aún, ¡operador y paciente! Ya hemos visto cómo ese desgarramiento y esta contradicción se encuentran en el fondo de todo sufrimiento moral. Por otra parte, ¿existe verdaderamente una contradicción? Esta paradoja de la mala conciencia parecerá, sin duda, menos asombrosa si nos representamos al espíritu como una totalidad orgánica que es perpetuamente *causa sui* y que actúa sobre sí misma por una especie de operación circular; hemos visto ya cuán errado estuvo Nietzsche al considerar la mala conciencia como el efecto de una especie de masoquismo moral. Por ejemplo, la mala conciencia no es más monstruosa que ciertas formas de egoísmo sutil en las cuales el individuo se atribuye a sí mismo sentimientos que normalmente atribuiría a otro: el amor es don de sí mismo, el amor existe para que la conciencia pueda olvidarse, y he aquí que la conciencia, como Narciso, se enamora de su propia imagen; por una complacencia irrisoria, desvía de su fin los

[22] *Ética Nicomaquea*, V, 11 (y 1, 2, 6).
[23] Gassendi, quintas objeciones a las *Méditations métaphysiques* de Descartes (A. T., VII, p. 292). *Cf.* lo que Plotino dice de los τύποι, V, 3, 5 (Bréhier, 1, 25: τὴν ἄρα ἀλήθειαν οὐχ ἑτέρου δεῖ εἶναι).
[24] Piénsese, por ejemplo, en el αὐτοκίνητον de Aristóteles, en el cual se conserva la distinción del motor y de lo movido (*Física*, VIII, 257 a, 27 b 13) y que permitiría resolver la aporía de *Carmides*, 168 c. Para Plotino, el νοῦς se cree ὅλος ὅλῳ, οὐ μέρει ἄλλο μέρος (V, 3, 6): queda resuelta la aporía de Sexto Empírico (*Adv. Math.*, VII, 310) que recuerda E. Bréhier.

sentimientos más generosos —la piedad, la delicadeza, la abnegación— para consumirlos en un monólogo estéril; devora su propia sustancia. En el dolor moral, esta especie de *tête-à-tête* solitario degenera verdaderamente en autofagia, pues la conciencia, que se asemeja a un mundo cerrado, es a veces simultáneamente libre y determinada (es esta libre necesidad la que se llama Obligación), juez y parte, verdugo y víctima: *ipsa sibi carnifex*. Decimos bien: verdugo y víctima, y ya no sujeto y objeto. Amenazada por la angustia e incapaz de proyectar el objeto al exterior, la conciencia intentará, por lo menos, dividirse internamente con objeto de circunscribir el mal. Hará que el "objeto", aunque ahora sea carne de su carne, le parezca sin embargo exterior; como esos animales que, para escapar, abandonan al enemigo el miembro por el cual éste los retiene. Con la muerte en el alma, desempeñamos así la parte del difunto; practicamos sobre nosotros mismos una amputación espontánea que debe estrechar y reagrupar nuestros estados de conciencia, seccionamos, por decirlo así, un sentimiento que sería doloroso si continuara siendo nosotros mismos. Con el fin de extirpar el dolor hasta la raíz, con el fin de perseguirlo por todos los rincones del alma, simularemos tomar por objeto todo lo que nos hace sufrir, transportaremos en nosotros la división que no hemos sabido mantener entre las cosas y nosotros. En todos los casos el "nosotros mismos" que es objeto ya no es exactamente el "nosotros mismos" que es sujeto: la relación de objeto a sujeto —por muy caro que nos sea el objeto— es por tanto, siempre, una relación parcial, es decir, la actitud de desapego que el espíritu adopta ante una parte de sí mismo. Si se trata por lo contrario de conciencia moral, todo el espíritu está comprometido con los dos lados a la vez. Es una luz que se ve a sí misma, πρὸς αὐτὸ λαμπηδών, para recordar así la expresión que utiliza Plotino cuando quiere sugerirnos poco a poco la idea de una coincidencia entre lo inteligible y la intelección. Yo no sé lo que yo soy, yo no soy lo que yo sé, dice Angelus Silesius. Pero aquí se es siempre aquello que se conoce, pues hay una falta que, por decirlo así, es a la vez régimen y predicado del sujeto, acusativo adherente. Aquello que a partir de ese momento se establece entre mí mismo y mí mismo, ya no es un *tête-à-tête* indiferente y superficial, es la intimidad indisoluble del "fuero interno". La conciencia especulativa —la buena, la feliz conciencia— es una contemplación, pero la mala conciencia es una condenación; es una conciencia que se acusa a sí misma, que tiene horror de sí misma. Esta vez, ya no es posible una retirada estratégica, y la conciencia, arrinconada en las últimas trincheras, privada de ese "divertimiento" que, según Pascal, le evita pensar en sí mismo, la conciencia se encuentra directamente en lucha consigo misma; y como no puede ni mirarse a la cara ni desviar la mirada, se encuentra atormentada por la vergüenza y los remordimientos. Uno de los elementos esenciales de la mala concien- cia es esta horrible soledad de un alma que ha debido renunciar a toda diversión y que experimenta una especie de horror pánico o de agorafobia moral [25] al sentirse desnuda en presencia del único testigo al que no puede ocultar nada, puesto que ese testigo soy yo mismo. Dice Juvenal, ¿no es el tormento más cruel y el más inevitable *nocte dieque suum gestare in pectore testem*? Tal vez el hastío (cuya ge- neralidad, en cierto modo metafísica ha intrigado tanto a filósofos como Pascal y Schopenhauer),[26] no sea, en suma, más que una mala con- ciencia sin motivo, o bien —dicho sea sin segundas intenciones teoló- gicas— una mala conciencia original, es decir este sufrimiento lejano y aún latente que se declara cuando el yo está solo consigo mismo y que, al menor pecado, se actualizará en remordimientos.

Por tanto, no sin razón la moral tradicional habla metafóricamente del "tribunal" interior.[27] En esta confrontación secreta en que mi per- sona se encuentra directamente acusada, la conciencia moral no tiene que conocer una acción que ya es demasiado conocida, sino evaluarla; no es representación, sino apreciación intuitiva del dato, de un dato que soy yo. Ahora bien, todo aquello que forma parte de mí tiene un "valor", comprended: puede ser bueno o malo; y el valor de un sen- timiento, de una intención, de un movimiento del alma ya no desig- na tal particularidad de estructura completamente unilateral, tal detalle morfológico, sino la significación de ese sentimiento en la totalidad de nuestra vida; el valor designa aquello que en la persona es en conjunto lo más general y lo más central; o, mejor aún, interesa a nuestra "ipsei- tas" directamente, esencialmente; es un drama en el que somos arras- trados por entero; con cada uno de nuestros actos se juega, en cier- ta medida, nuestro destino moral. De allí que la conciencia moral sea únicamente conciencia para sí misma. La conciencia especulativa está hecha para las cosas o para mí mismo en tanto que me considero como cosa; hospitalaria y expansiva, distribuye sus objetos en el espacio lu- minoso del conocimiento. La conciencia moral, por lo contrario, se

---

[25] A. Gide, *L'Immoraliste*, p. 163.

[26] Bergson (*Les deux sources de la morale et de la religion*, p. 109) ve en esto un efecto de nuestra sociabilidad. Tal es el mal de Baudelaire y Laforgue.

[27] Por ejemplo Kant, *Tugendlehre*, I Teil, § 15 *ss.* (*Cassirer*, VII, p. 250), en que Kant se toma muchos trabajos para atenuar la contradicción del hombre natural y del *homo noumenon* (*numero idem, specie diversus*). Los escritores usan y abusan de esta metáfora: Rousseau (*Emile*, IV: Profession de foi du vicaire savoyard), Chateau- briand (*Génie du Christianisme*).

repliega sobre la persona; es una confianza, un misterio tan profundo que nosotros mismos vacilamos antes de confesárnoslo, y que permanece en general inexpresado, incomunicable, abierto a los sofismas y a las mentiras tranquilizadoras. También a ello se debe la fluidez de ese fuero íntimo que no es, en suma, más que el contacto del yo consigo mismo. La conciencia especulativa no carece de consistencia: es el sujeto en tanto que se opone a un objeto. ¿Es sujeto la conciencia moral? ¿Es objeto? No podríamos decirlo, puesto que uno y otra son yo. No es el yo ideal, pues ya no hay aquí juez que trascienda el problema; pero es el yo ideal en tanto que falible (pues lleva el pecado inscrito en su carne) o bien el yo falible en tanto que ya se regenera por el arrepentimiento de su falta; mejor aún, es la circulación instantánea e impalpable que se establece entre esos dos "yo" idénticos. El dolor, en fin, que forma cortejo de esta conciencia, es testimonio de una aventura a la que efectivamente nos hemos lanzado; lo característico del dolor es ser un acontecimiento que llega definitivamente, que es verdaderamente vivido por una persona, que es objeto de una experiencia privilegiada y absolutamente real; ya no nos enfrentamos a lo posible, sino a lo existente; ya no a conceptos, sino a una realidad cruelmente efectiva.[28] Que lo llamen irracional si lo desean: el dolor moral es *de lo vivido*; por él nos encontramos hundidos en pleno concreto. Se trata sin duda de ideas puras o, como hubiese dicho Newman, de abstracciones nocionales, ¡mientras morimos de vergüenza y de pesar!

Con todo ello puede verse bien hasta qué punto es brutal y superficial Nietzsche cuando pretende no ver en este "atentado contra sí mismo" más que un fenómeno secundario, artificial o, como él dice, "reactivo".[29] ¿No es el error común a muchas "explicaciones" naturalistas, reduccionistas o evolucionistas, desconocer la originalidad y la especificidad y la positividad de la conciencia? No, la mala conciencia no es un gesto monstruoso, una anomalía psicológica; para empezar, ¿quién se atrevería en las cosas del alma a separar infaliblemente lo "normal" y lo morboso?[30] El propio Nietzsche, que se da aires de poseer el criterio absoluto de la salud, Nietzsche, ¿no ha reconocido en otra parte la relatividad de ese concepto y la vitalidad de la

[28] Willy Bremi (*Was ist das Gewissen?*, Zurich, 1934) habla de una *toma de posición* ("Stellungnahme") que es el "forum" de la *instancia*: por el amor de la instancia, se toma en serio la distinción del bien y del mal.

[29] *Généalogie de la morale*, trad. Henri Albert. Segunda disertación, *La "falta", la "mala conciencia" y lo que se les asemeja*. Para la influencia de Paul Rée sobre la teoría nietzscheana de la contrición: Andler, *La maturité de Nietzsche* (t. IV de *Nietzsche, sa vie et sa pensée*), pp. 83-85.

[30] Karl Jaspers, *Psychopathologie générale*, trad. A. Kastler y J. Mendousse (París, 1928), pp. 4-10.

sinrazón? Cierto, acabamos de comparar el dolor moral a un "fracaso" de la conciencia. Después de todo, tal vez no sea más que un modo de hablar. Si la vocación de la conciencia es esta imparcialidad ideal que nos permite adherirnos a las cosas, la conciencia moral es seguramente una conciencia fallida o incompleta; pero tal vez sea más prudente pensar que la conciencia moral existe para sí misma y no por relación a la conciencia especulativa, la que guarda sus distancias; y se verá entonces que esas representaciones de Fracaso y de Éxito son tan relativas como, según Bergson, la oposición del orden y del desorden. La conciencia moral es una cierta actitud de toda la persona, un modo de ser primario de nuestra alma, y que quiere ser apreciado directamente, como si no existiera ninguna otra conciencia. Estas observaciones nos dispensarán, sin duda, de tener que elegir entre las diversas teorías de la conciencia moral: intelectualismo, intuicionismo, voluntarismo, emocionalismo. Pensamos que la mala conciencia difiere en naturaleza de la conciencia especulativa, aunque para la claridad de la explicación y porque la conciencia especulativa es, con mucho, la más tranquilizadora de las dos, hayamos descrito la conciencia moral como una conciencia ineficaz; en realidad, es infinitamente más inquietante, y pone en duda no la veracidad teórica de nuestras sensaciones, sino la bondad de nuestros actos. Los intelectualistas y muchos teólogos [31] no quieren reconocer en la conciencia moral, para hablar el idioma de Alberto Magno, más que una especie de silogismo instantáneo; es como si sostuviésemos, observa profundamente G. Stoker,[32] que el amor de una madre a su hijo es un simple caso particular del amor de las mujeres a los niños en general. El amor de una madre es algo único, a lo que nada se compara. El remordimiento a su vez no subsume mi caso bajo una máxima general de la que fuese la aplicación. Y, asimismo, la simpatía de una persona a sus propios placeres y sus propias acciones no se parece a ninguna otra: es verdaderamente la voz de la sangre. Cierto, se operan en realidad numerosos intercambios entre la razón teórica y la razón práctica: ¿no designa simultáneamente el propio verbo "juzgar" la función elemental de predicación y la operación axiológica por la cual evaluamos el dato? No se separan la conciencia intelectual y la conciencia moral del mismo modo que se distinguen en el corazón la aurícula y el ventrículo, escribe enérgicamente Léon Brunschvicg al comienzo del Progreso de la conciencia [33] ... no hay conciencia

---

[31] Santo Tomás define *Synteresis*: "lex intellectus..., habitus continens praecepta legis naturalis" (*Sum. th.*, II*, 94, 1 ad 2). San Basilio dice "naturale judicatorium"; Alberto Magno, "habitus intellective regens..."
[32] H. G. Stoker, *Das Gewissen* (Bonn, 1925), p. 60.
[33] *Le progrès de la conscience dans la philosophie occidentale*, p. 4.

intelectual que no sea normativa en cierto grado. Y a la inversa, toda "*Gewissen*" implica un "*Wissen*" latente, toda συνείδησις una εἴδησις. Cuando, por ejemplo, Sócrates confiesa: ἐμαυτῷ γὰρ συνῄδη οὐδὲν ἐπισταμένῳ,[34] es claro que esta conciencia formal virará fácilmente transformándose en conciencia moral por poco que se ponga en duda la sinceridad del espíritu: pues, como decimos, es de estricta "probidad intelectual" confesar la ignorancia cuando no se sabe nada, en lugar de profesar la falsa ciencia de los sofistas. Ξύνοιδα ἐμαυτῷ ὅτι οὐκ οἶδα: yo tengo conciencia de mi propia no-ciencia, dice Alcibíades, en el *Banquete*, contemplando a Sócrates, que es, a la vez, su vergüenza y su lucidez: pues es el punto en que la vergüenza (αἰσχύνη) se confunde con la clarividencia. Ἐγὼ δὲ τοῦτον μόνον αἰσχύνομαι[35] es todo el problema de la Veracidad, a la vez exigencia especulativa y virtud. Sin embargo, las dos conciencias van muy bien la una sin la otra, lo que prueba que son esencialmente distintas.[36] Sin duda, el concienzudo es en general consciente; pero, *vice versa*, un hombre sin conciencia no siempre es un "inconsciente". Las almas escrupulosas tienen conciencia suficiente para sufrir, pues la adherencia sólo les es penosa porque han probado el desapego; son un poco conscientes puesto que se plantean un problema, y también un poco inconscientes puesto que ese "problema" es, como diría Gabriel Marcel, un "misterio" en el cual se encuentran sumergidas y englobadas; no es "subconsciencia" sino, antes bien, la guerra del consciente y del inconsciente o, como diría Hegel, el estado de un alma desgarrada: "Zustand der zerrissenen Seele". Por otra parte, la conciencia puede existir fuera de toda delicadeza moral; esto es lo que se llama cinismo. ¿No sabemos, por lo demás, que la extrema conciencia es el antídoto más eficaz de los grandes dolores? Un exceso de lucidez deseca; de modo que una conciencia delicada no va nunca sin cierta ceguera, sin la ingenuidad del corazón y la credulidad del espíritu. Es esta conciencia la que la ironía de los descreídos implacablemente persigue y neutraliza. Una sola observación nos bastará para mostrar qué abismo hay entre la dura conciencia del entendimiento y esta especie de agudeza tierna y profunda que es propia de las naturalezas escrupulosas: la inconsciencia es una excusa, pero no la "falta de conciencia"; con gusto declaramos irresponsable

[34] *Apología*, 22c y 21b.
[35] *El Banquete*, 216 a-b; 217 d; 218 d. Cf 213 b-c. El verbo del remordimiento es μεταμελεῖ (entre otros: *Gorgias*, 471 b; *Fedón*, 114 a; *Apología*, 38e). Plotino emplea ἀντίληψις para Conciencia. En San Pablo (Romanos, II, 15) συνείδησις designa la conciencia moral.
[36] El ruso distingue sin equívoco posible entre *soznanié*, que es "saber con" y *soviest'* (conciencia moral).

a todo el que hace el mal sin saberlo, pero carecer de conciencia moral es un pecado, pues esta vez son mis intenciones las que se vuelven sospechosas; no tengo culpa al hacer daño, puesto que soy inconsciente, pero tengo culpa de ser inconsciente, culpa de ser yo mismo; es mi "diátesis" la que no vale nada. Aristóteles no dejó de presentir esta responsabilidad del irresponsable. La inconsciencia moral no es, pues, un fenómeno de déficit, una pura y simple ausencia, sino una falta positiva. Sin duda, existen ciertas formas de conciencia especializada que parecen intermediarias entre la conciencia especulativa y la conciencia moral y a las que, con un nombre genérico, se llama "conciencia profesional". Y aun en esta humilde conciencia hay sin embargo un elemento moral que no se reduce a ningún otro: la renuncia a una ganancia, la honradez secreta que se complace en permanecer anónima: todo ello pertenece ya a un orden sobrenatural vecino de la absurda caridad, es decir, de la "gracia".

Hemos explicado la conciencia moral a partir de la conciencia intelectual como si se dedujese de ella; y ahora que la sabemos "parcial", imperativa, dolorosa, decimos por lo contrario que se opone a toda contemplación neutra y teórica. No se ofendan los evolucionistas: no es la conciencia intelectual la que, al dirigir sobre el yo un esfuerzo antes expansivo, se ha vuelto moral en el curso de la historia; esas genealogías no son más que reconstrucciones lógicas sin valor. El yo es un objeto absolutamente privilegiado, y la mala conciencia del yo no proviene de la conciencia intelectual, así como el dolor no es un caso particular de placer. Hemos hablado intencionalmente el lenguaje del desdoblamiento —de lo que Plotino llama μερισμός— con el fin de sugerir paulatinamente la imagen de una conciencia en la cual fuera nula la distancia entre el sujeto y el objeto: como un geómetra que explicara el punto como un círculo cuyo diámetro, centro y circunferencia se confunden; sin embargo, ¡no es el círculo el que se ha vuelto infinitamente pequeño! Pero tal vez sea cómodo imaginar un tribunal, para fundir sucesivamente, una en otra, las imágenes del acusado, del acusador, del juez, del abogado y del propio veredicto pues la mala conciencia es, por sí sola, todo eso. O, más bien, no hay tribunal porque no hay duda; una deliberación sería, más bien, un signo de buena conciencia y de complacencia: pues la certidumbre de conciencia, como la virtud estoica, siempre es pura y entera; aquí no hay poco y mucho. Si el Orestes de Esquilo, perseguido por las Euménides, comparece ante el tribunal de Atenea, y si encuentra a Apolo por abogado, es porque en realidad Orestes ya está arrepentido, y queda absuelto de antemano; el desenlace está fuera de duda. Toda esta puesta en escena

—defensa, deliberación y juicio— no puede engañarnos; la partida ya está ganada, puesto que Orestes ha expiado su parricidio. El desdoblamiento de la conciencia en acusador y acusado no es, pues, otra cosa que una reconstitución metafórica hecha a posteriori. Pero llega a ocurrir que las almas de mala fe se representen la comedia ellas mismas, en busca de una excusa, e inventen algún Apolo para defenderse contra sus Erinias interiores. Estas almas turbias se asemejan al jugador solitario que decide jugar una partida de ajedrez contra sí mismo; por mucho que se aturda con toda clase de vértigos, sólo puede retardar un desenlace que está absolutamente previsto, puesto que tanto el Pro como el Contra dependen de él. El interés del juego se concentra en torno de esa suerte desconocida que decidirá entre el adversario y nosotros; pero no hay desconocido en un diálogo irrisorio en que uno mismo hace las objeciones y las respuestas, que urde las tramas y las desenreda... ¿cómo puedo yo ser, completamente cada vez yo mismo y otro? El alma impura que, movida a la vez por una especie de pánico moral y por una necesidad de simetría lógica, organiza esta puesta en escena, el alma impura sabe todo lo que ocurrirá, puesto que está en el interior del drama; no se escapa de las "perras furiosas" de su pecado.

La conciencia moral, como la inteligencia según Plotino, es, por tanto, una luz que se ve a sí misma, una visión que no ve nada ὄψις οὔπω ἰδοῦσα.[37] Que no se le reproche entonces su parti pris, puesto que de ello ha hecho profesión. La conciencia especulativa detesta los "prejuicios" porque quisiera olvidar completamente nuestro pasado, porque se desborda en las cosas, porque está encantada de sí misma, extroversa. Mas para la conciencia moral, el parti pris consistiría, antes bien, en representar la comedia del desdoblamiento y practicar una sistematización retrospectiva. Es vano por tanto que la teología, para eludir lo que cree que es una contradicción insoportable, apele a una tercera parte imparcial y trascendente, de la que sería mensajera la συντήρησις. Pero no acabaríamos de denunciar todas las idolatrías a las que da pretexto la conciencia moral. Si la dejamos explicarse a sí misma, en la lengua que le es propia, en lugar de trasponerla en un discurso de reflexión, nos aparecerá como una especie de sensibilidad o de susceptibilidad, como un tacto especial que hace que el alma sea capaz de percibir ciertas relaciones desconocidas de las otras almas. Y asimismo, el artista es capaz de leer en un paisaje, en un rostro, relacio-

---

[37] Enn., V, 3; 11. Cf. 8: φῶς ἄρα φῶς ἄλλο ὁρᾷ αὐτὸ ἄρα αὐτὸ ὁρᾷ. V, 5, 7, : τότε γὰρ οὐχ ὁρῶν ὁρᾷ καὶ μάλιστα τότε ὁρᾷ φῶς γὰρ ὁρᾷ τὰ δ'ἄλλα φωτοειδῆ μὲν ἦν, φῶς δ'οὐκ ἦν.

nes secretas que no descifraríamos sin él, pues nosotros somos muy obtusos. ¿No se asemeja en esto, la agudeza moral, a la clarividencia del artista? ¿No es también ella una percepción de lo invisible? Allí donde las "almas cadavéricas" no ven nada, las naturalezas morales disciernen por lo contrario una multitud de problemas posibles, o como decimos, *casos de conciencia*; una nadería les hace sufrir, vibran y hacen eco a todas las coyunturas; un acto indiferente para todo el mundo será importante para ellas y los placeres más inocentes les parecerán sospechosos. Esto es lo que se llama el *escrúpulo*. Nada de lo que interesa o se aproxima al alma humana es indiferente; si no hubiera en el mundo más que una sola conciencia moral, ésta ya bastaría para que las cosas se repartiesen en el universo según una versión enteramente nueva, según cierto orden de profundidad que es el de su excelencia; ya no son simplemente cosas que existen; "merecen" o no "merecen" existir, se distribuyen en torno de nosotros según una jerarquía que no está fundada en su naturaleza objetiva, sino en nuestras preferencias sobrenaturales. En suma, la conciencia no dice más que esto: no todo puede hacerse; ciertas acciones, aparte de su utilidad, y a veces contra toda razón, encuentran en nosotros una resistencia inexplicable que las frena; hay algo en ellas que no va por sí mismo. Tal es la duda del alma escrupulosa ante la solución escabrosa. La conciencia es la aversión invencible que nos inspiran ciertos modos de vivir, de sentir o de actuar; es una repugnancia imprescriptible, una especie de horror sagrado. Pero no se da su parte al demonio del escrúpulo, una vez que él ha tomado posesión de nuestra alma:

¡El diablo ha apagado todo en las ventanas del albergue!

Todas las evidencias se nublan, un principio emponzoñado corrompe todos nuestros placeres. ¿Es la conciencia la muerte de la esperanza?

II. IRREVERSIBILIDAD

Adorable hechicera, ¿amas a los condenados?
Dime, ¿conoces tú lo irremisible?

BAUDELAIRE, *Lo irreparable.*

LA CONCIENCIA moral no es una cosa particular en el espíritu, como el color azul, la asociación de ideas o el amor de las mujeres. La conciencia moral no *existe*. Pero nosotros descubrimos nuestra conciencia propia el día en que ciertas acciones que son legales, o indiferentes, o incluso impecables, o autorizadas por la policía, nos inspiran un disgusto insuperable: entonces, como dicen los teólogos, una voz murmura en nosotros contra la eventualidad vergonzosa. La conciencia no es nada fuera de los sentimientos crueles que la manifiestan. Sin embargo, la conciencia no es este dolor determinado, esta crisis moral: por lo contrario, es ella la que explica las crisis intermitentes del concienzudo, como es la tendencia amorosa la que explica las emociones, los placeres y los éxtasis del amante. Los sentimientos empíricos o motivados se explican por esta conciencia inmotivada o motivadora, nuestro yo sobrenatural y, en cierto modo, nuestra *ipseitas* metempírica. La mayoría de los hombres tiene así una conciencia sin saberlo, pero la descubrirán un día porque se habrá herido en ellos algo que les era caro, porque cierto modo de actuar los habrá escandalizado o, como se dice, "chocado". En cada uno de nosotros se establece como un umbral de moralidad, una especie de nivel medio, aquende el cual no habrá aún conciencia en acto.

1. LA VIDA DE SANCIÓN

A esas crisis que indican que la conciencia está allí las llamamos sanciones. La moral escolar, que gusta de las clasificaciones bien simétricas, distingue las sanciones externas (naturales o sobrenaturales) y las sanciones internas; y como es preciso de toda necesidad —así sea falseando las cosas— que la polaridad de las sanciones sociales (penas y recompensas) encuentre su homólogo en una polaridad similar dentro del sujeto, se opondrán el remordimiento y lo que el optimismo beato del catecismo llama satisfacción moral o satisfacción del deber cum-

36

plido. La "sanción" designa en sentido propio aquello que "consagra" o "sanciona" una ley; en este caso, la consagración de la ley es el estado afectivo por el cual se hace sensible al sujeto. En ese sentido, puede decirse que todas las leyes comportan sanciones. Por ejemplo, nadie viola impunemente las leyes físicas o económicas. Esto es verdad, pues ordinariamente ocurre una desgracia a quienes no toman en cuenta la naturaleza. Por lo demás, no es la naturaleza la que nos castiga, no es la ley la que se venga. Nos llegará a ocurrir que hablemos en sentido figurado de los desquites de la naturaleza, pero sabemos que la naturaleza no se preocupa por nuestras imprudencias, por nuestro perfeccionamiento; si alguien se inclina demasiado por encima de la Torre de Saint-Jacques, yo os digo que se arrepentirá, aunque la Gravedad no lo haga a propósito; es el hombre, el ser moral el que moraliza las leyes, "como si la naturaleza tuviese ojos por doquier, que vuelve hacia el hombre".[1] Yo puedo sentarme en cualquier lugar en el restaurante, sin sentirme meritorio o culpable: nuestras imprudencias son, en sentido estoico, *adiaphora*, es decir, andares indiferentes. Nuestras audacias contra la naturaleza no son, pues, sino experimentos felices o desdichados[2] gracias a los cuales medimos hasta dónde se extiende la potencia de las leyes. Se dirá que hay leyes lógicas y que la sanción de esas leyes ya no es accidental y exterior, como era el caso de las leyes físicas: si razonais mal, vuestro castigo será el error, el fracaso y todo lo siguiente, pues toda violación de las leyes del pensamiento se paga tarde o temprano. La sanción es aquí continua, implícita y, por así decirlo, latente; es una necesidad reguladora de nuestra constitución intelectual y nosotros explicitamos, en la Refutación, por medio de artificios que hacen sensibles las contradicciones y los absurdos a los que un razonamiento vicioso lleva al espíritu. Sin embargo, para empezar, es posible equivocarse sin percibirlo; a veces se ha descubierto la verdad mediante razonamientos falsos. Y, además, las leyes del pensamiento son como las leyes de la naturaleza: no se ocupan de mí, no son leyes que "castiguen". Sin duda, no hay sanción a menos que un dato se resista a nuestras empresas; pero no hay sanción si nuestras empresas están desprovistas de espontaneidad, si no podemos hacer nada contra la ley, si, en una palabra, no somos libres. La ley natural, como lo dice sensatamente Guyau, es demasiado inviolable para ser santa; no hay camaradería posible entre los hombres y ella; nada le hace mella; se la "verifica", no se la desobedece. A fuerza de impasibilidad y de rigi-

---

[1] Henri Bergson, *Les deux sources de la morale et de la religion*, p. 186 (a propósito de la magia).
[2] Guyau, *Esquisse d'une morale sans obligation ni sanction*, p. 184.

dez acaba por permitir todas las deserciones morales; ¿no aprende bastante fácilmente el menos ingenioso de los libertinos a eludir las consecuencias de su falta? ¡Pues la naturaleza ciega es tan corruptible como inflexible! Es una justicia automática, y las sanciones o mejor dicho los efectos de esta justicia distribuyen el dolor en todos sentidos. Sólo la justicia de los hombres distribuye las penas con discernimiento: esta vez, se ocupa de nosotros y la ley ultrajada condesciende a enmendarnos; esta vez los tormentos fortuitos que formaban el cortejo de la falta se organizan en un sistema penal. Y sin embargo, ¡qué diferencia hay aún entre esas sanciones artificiales, expresamente deseadas por los hombres, y las sanciones espontáneas de la conciencia! El imperativo social y jurídico sigue siendo distinto de las sanciones que aseguran su observancia; no es la misma conciencia que decreta la ley y que siempre lamentará haberla despreciado. El remordimiento, por lo contrario, no es distinto de la conciencia moral: así como la beatitud según Spinoza no es el premio de la virtud, sino la virtud misma (*ipsa pretium sui*, dijo Séneca en su *De vita beata*), así el remordimiento no es la sanción de una ley trascendente puesto que en suma la ley designa cierta dirección de la conciencia y el remordimiento es justamente esta conciencia en su forma más aguda. Es el crimen mismo el que constituye nuestro suplicio.[3] Por tanto, el remordimiento no forma parte de un aparato de sanciones postizas, adheridas, por decirlo así, del exterior a una ley sin relación con nuestra vida; la ley ya no es, como los reglamentos de policía, objeto de *observancia* o de inobservancia, sino que es la forma de nuestro *respeto*. Aquí la ley desciende de su pedestal para vivir en familiaridad con nuestros sentimientos y nuestras acciones;[4] es una ley vulnerable y cuyo destino está inextricablemente mezclado al mío. De allí la delicadeza singular y viva de la ley moral. El error no alcanza a las leyes del pensamiento ni el fracaso a las leyes de la naturaleza, sino, por lo contrario, el fracaso y el error expresan que es el individuo el que necesariamente se quiebra contra una ley inviolable; con o sin nuestro consentimiento, la ley se impondrá. Nuestra falta, en cambio, alcanza directamente a la ley moral; la hace menos bella, menos inmaculada, menos evidente; presentimos que la mala acción de alguien traba y compromete ya en cierta medida el porvenir mismo de la ley; el pecado de uno solo hará, tal vez, que haya menos confianza y esperanza entre los hombres. Exa-

---

[3] Séneca, Ep. 97: *Prima illa et maxima peccantium est poena peccasse... Sceleris in scelere supplicium est... Cf. Ep.* 81: *Virtutum omnium pretium in ipsis est...: recte facti fecisse merces est.* He aquí los textos en que Séneca habla de la mala conciencia: *Epístola a Lucilio*, núms. 43, 81, 97, 105.

[4] Georg Simmel, *Das individuelle Gesetz* (*Lebensanschauung*, 1918, 4º ensayo).

geraríamos, sin duda, si, como los místicos, pretendiéramos que el universo entero está suspendido de nuestra decisión, que el propio Dios necesita de nuestra colaboración; que el agente moral posee, como dice Nicolai Hartmann, una espontaneidad demiúrgica; y sin embargo, ¿no es una de las singularidades profundas de la vida moral esta creencia del agente en el valor y en la resonancia cósmica de su acción? Pues en las resoluciones de una voluntad hay algo infinito, solemne y sobrenatural que es ajeno a los trámites de la inteligencia. El error es asunto menos "importante" que la falta, todo nos lo indica; pues si nos negamos al pecado, ni siquiera el diablo puede hacer algo, mientras que si sucumbimos, el valor y la generosidad en este mundo perderán algo de su evidencia. Por ello, los desfallecimientos de un hombre respetado tienen a nuestros ojos algo desesperante y que nos hace dudar de todo; sentimos que por la falta de uno solo la vida tiene un poco menos de valor que antes, y nuestra fe moral tal vez no se curará de esta herida. La ley que castiga es, por tanto, la misma que sufre, y puede decirse sin exageración que nuestros pecados crucifican perpetuamente al ideal.

El remordimiento es, por tanto, como un verdadero castigo: ya no es, como en el caso del error, una manera de hablar; y sin embargo el remordimiento no es más que la prolongación orgánica, la exaltación interior de la ley violada, es decir, de la mala conciencia, pues la ley no es, por así decirlo, más que el aspecto exotérico de la conciencia; lo mismo que es conciencia en el interior es objetivamente ley moral, siendo ésta el anverso de aquélla. El remordimiento nace de la mala acción tan naturalmente como la fiebre nace de un estado infeccioso; y sin embargo... el sentido común no se equivoca: el remordimiento nace expresamente para castigarnos; no resulta fatalmente del pecado, aunque esté íntimamente emparentado con él; sino que, por el contrario, añade algo nuevo, cierto sufrimiento gratuito, y tan contingente que los cristianos lo han considerado siempre como una advertencia del Espíritu Santo. Pero lo propio de la sanción es sobrevenir después del hecho realizado para ponerle el sello de la virtud o del pecado, para acordar o negar la investidura moral. Todos sabemos qué importancia atribuye la sociedad a esos actos secundarios que se llaman validación, consagración, ordenación, sin los cuales los actos "primarios" no tienen ningún valor jurídico o religioso, ninguna existencia definitiva. La sanción moral, a su vez, ¿no sería sino una formalidad supersticiosa, una vana ceremonia de legalización? Todo indica, por lo contrario, que el pecador no sufre "para estar en regla" ni para ratificarse a sí mismo, sino porque verdaderamente lo merece; la moral consecuente no se añade a la *moral* antecedente como un rito secundario a una acción verdadera: la *Conciencia* es tan primaria, tan espontánea, tan "moral" como la *Intención*.

La conciencia es primaria porque es original, pero la conciencia viene después de la acción. Si el remordimiento no es más que una inflamación de la conciencia o, como lo hemos mostrado, una conciencia crítica, se podrá decir que la conciencia en general, la que aún no es "quemante", se anuncia ya al hombre concienzudo en la forma de una sanción virtual, crónica y latente. La conciencia es, por así decirlo, el remordimiento en vela. Joseph Butler distingue una conciencia *antes* y una conciencia *después* ("antecedente o directiva", "subsiguiente o reflexiva"); [5] a la conciencia retrospectiva muchos filósofos se complacen en oponer cierto sentido moral (*conscientia praemonens*) que sería el órgano de las máximas prácticas y que, por una inspección intantánea de los casos escrupulosos, nos sustraería a las colisiones de deberes.

También Kierkegaard distingue la vanguardia y la retaguardia; [6] el arrepentimiento prematuro que prevé el pecado un momento antes que sea cometido, y el arrepentimiento retardado que se deja prevenir por el pecado ya cometido; *peccatum commissum*. El buen propósito matinal, como el buen gusto o el buen sentido, sería entonces una especie de discernimiento monitorio, una teleología y una ortopedia. El "Sentido moral", si existe, es a la sensibilidad moral como la justicia preventiva a la represiva, de donde se seguiría que hay cierta conciencia moral que no es dolorosa y que conserva aún el control del futuro. Digámoslo de una vez: esta monición o anticipación moral no es la conciencia, si al menos distinguimos, como lo hemos hecho, entre la verdadera conciencia y una especie de "conciencia intelectual práctica" que no es más que una reflexión sobre el placer. La conciencia especulativa, aunque ajena al tiempo, puede llamarse "antecedente", pues sirve para emprender, calcular y prever; es una conciencia fecunda, llena de frases virtuosas y de enseñanzas fructíferas, una conciencia que sabe antes de saber, puesto que puede comprenderlo todo, una fineza moral sensible a la delicada complejidad de las situaciones humanas. ¿Cómo tomar desprevenida a semejante conciencia? La conciencia moral, por su parte, llega siempre tarde, y es más judicial que legislativa; es una víctima del tiempo o, como muy bien lo dice Georg Simmel,

---

[5] *Sermons*, Ed. J.-B. Bernard (Londres, 1900), pp. 1-48. *Cf.* Escobar, *Liber theologiae moralis* (Lugduni, 1656). Examen III: *Conscientia partim se extendit ad opera nostra praeterita, ea accusando tanquam mala facta, aut tanquam recte gesta commendando; partim vero ad opera futura, dictando utrum agenda vel omittenda sint.*

[6] *La Pureté du coeur*, trad. Tisseau, p. 23.

un instinto retrovertido [7] y que no nos dice lo que hay que hacer sino, antes bien, lo que *habría habido* que hacer; en oposición al demonio de Sócrates, oráculo y ángel guardián, ella evoca al desconocido de la *Noche de diciembre*, al "invitado vestido de negro, que se parecía a mí como un hermano". Pero llega a ocurrir que el dolor moral sea un simple dolor naciente y que tenga por causa no un acto declarado sino una mala intención; tendría entonces, en ese caso, el aire de preceder a la acción y aunque en el fondo siempre retrospectiva, la conciencia se asemejará aquí al sentido moral; las advertencias que nos hace aún nos pueden servir para las obras y, si se puede decir así, para nuestra compostura, pero ya no para la inspiración misma, pues es demasiado tarde; esta conciencia sólo es antecedente en la superficie; en el interior ya es una mala conciencia, pues ya no es momento de prevenir si no la falta misma, al menos el pensamiento de la falta. Los pensamientos impuros, que son rápidos como el rayo, nos han sorprendido antes de que el sentido moral hubiese podido ponerse en guardia; tengo vergüenza, ni siquiera de haber mentido, sino de haber tenido sólo la idea: pues puede ocurrir que el pecado sea precisamente ser rozado por el pensamiento del pecado. ¿No es ya una complacencia la tentación misma? Una conciencia que precede no sólo a las obras sino al pensamiento de las obras no es, por lo tanto, una verdadera conciencia moral, sino un simple discernimiento que no roza nunca la promiscuidad de la acción. Por ejemplo, el *Spiritus corrector et paedogogus* de Orígenes parece más cerca de la conciencia moral que los *principia recte agendi* de Duns Escoto, pues la corrección es consecuente, si la rectitud es antecedente.

2. El pasado del remordimiento

Vuelto hacia el pasado,[8] el remordimiento parece pertenecer al grupo de las funciones mentales y de los sentimientos que miran hacia atrás; el remordimiento, la lamentación y el recuerdo se opondrían, pues, a la esperanza, a la espera, a los presentimientos y a las promesas como, en la psicología de C. G. Carus, el alma epimeteica al alma prometeica; pues la conciencia, como Jano, tiene dos caras. Sin embargo, a fuerza de insistir sobre ese acercamiento se expone uno a desconocer el valor moral y completamente sobrenatural del remordimiento. Cierto, la vida interior, llena de astucias, es maestra en el arte de intercalar entre

---

[7] *Einleitung in die Moralwissenschaft*, I, p. 408.
[8] Descartes, *Les Passions de l'âme*, II, 60; Spinoza, *Eth.*, III, *aff. def.*, 17.

el remordimiento ético y la lamentación estética toda clase de transiciones escurridizas: por mucho que multipliquemos los matices al infinito, ¿cómo descifrar los sutiles sofismas de un alma resuelta a escamotear su propio secreto? No pocas lamentaciones punzantes pasarán por remordimientos, a juicio de quienes se contentan con el "poco o más o menos" y que nunca han conocido la emoción moral; el remordimiento a su vez se disfrazará de lamentación en aquellos que tienen miedo a su propia conciencia; Guyau, que hace todo lo posible por "naturalizar" el remordimiento, afirma que la lamentación de una vocación fallida es indiscernible, a veces, del sufrimiento moral.[9] La lamentación —desiderium!— no difiere esencialmente del deseo, pero desea una cosa pasada; de allí ese matiz de esterilidad, de dolor vano e impotente que suele apegarse a ese deseo a la inversa. La propia palabra griega πόθος, ¿no designa, a la vez, la lamentación y el deseo? Pero como el tiempo es irreversible, y el pasado difiere cualitativamente del futuro, lejos de ser a este último como el negativo al positivo o la imagen virtual a la imagen real, como el pasado no es un futuro a la inversa, ni el futuro un pasado al anverso, nos explicamos que lamentación y deseo no sean exactamente simétricos. La ausencia de lo que ya no es y la ausencia de las cosas del porvenir no representan en nada, ni siquiera a igual distancia, dos privaciones equivalentes. Sin embargo, la lamentación no es necesariamente incurable; y el deseo, a su vez, envuelve una necesidad que no forzosamente será satisfecha. La lamentación es, en resumen, un sufrimiento natural. Echamos de menos un placer desaparecido, pero nos arrepentimos de un placer sospechoso... a la pesadumbre del fracaso opongamos ahora, pues, el remordimiento del éxito. La pesadumbre querría prolongar, pero el remordimiento quisiera aniquilar; aquélla deplora un pasado ausente y éste, por lo contrario, un pasado que está demasiado presente. El hombre se siente desgarrado a veces entre la pesadumbre del placer desdeñado y el remordimiento de la falta cometida, sin que la una le consuele del otro, pues la ocasión perdida y el pecado realizado no admiten otra medida común que la temporalidad. Cierto, una sola palabra sirve para designar esas dos actitudes opuestas de la conciencia por relación a un pasado que ora le atrae, ora le disgusta; se dice lamentar la pérdida de su juventud, y se dice lamentar una mala acción; pero es un

---

[9] *Op. cit.*, p. 221. Los "remordimientos de vocación" son frecuentes en ciertos obsesivos: Pierre Janet, *Les Obsessions et la Psychasthénie*, I, pp. 21-22; *Névroses et idées fixes*, II, p. 148. *Cf.* B. Jacob, *Lettres d'un philosophe*, precedidas de recuerdos por C. Bouglé (París, 1911), p. 128: "Los moralistas clásicos se equivocan al decir que los remordimientos nunca resultan más que de faltas voluntariamente cometidas... , etc." ¡Esto es lo que se llama jugar con las palabras!

juego de palabras, pues en el primer caso se trata de un pasado infinitamente caro y que quisiéramos eternizar, mientras que en el segundo, nos apartamos con horror de un pasado abominable y que no debiera haber existido. El hombre de los remordimientos huye tapándose las orejas: él quisiera, en su remordimiento, aniquilar su acto, como el avergonzado, en su vergüenza, quisiera aniquilar su ser. La desdicha de la pesadumbre se encuentra simplemente en la imposibilidad del retorno al pasado: sólo el tiempo es culpable, pero no yo. Lo trágico del remordimiento reside en que yo con mis propias manos he fabricado la imposibilidad. La pesadumbre, en su nostalgia, crea una imagen ilusoria de aquel pasado que no revivirá jamás. El remordimiento, por lo contrario, es una presencia, una presencia obsesiva y que nos acosa sin piedad; lejos de explayarse, complaciente, en la evocación de su pasado, la mala conciencia hace todo lo que puede por librarse de él, pues no soporta ya ese fantasma, ese testigo de una detestable herencia espiritual. Hay en la pesadumbre una especie de ternura que es profundamente ajena al verdadero remordimiento; la pesadumbre inventa espontáneamente una imagen de aquel pasado que le da envidia, y ordinariamente basta un poco de filosofía para disipar ese fantasma; en el remordimiento, es el pasado el que por sí solo y objetivamente carga sobre nuestras espaldas; imposible aniquilar esta angustia y purgar nuestra conciencia; lo optativo de la pesadumbre ha sido sustituido por la desesperación.

Estas observaciones nos ayudarán, sin duda, a comprender por qué el remordimiento, que es lo contrario del echar de menos, se opone igualmente al recuerdo. "¡Cuán próximo es el recuerdo al remordimiento!", exclama Victor Hugo.[10] Alejandro Pushkin también, en su magnífico poema *El Recuerdo*, identifica memoria con remordimiento... seguramente el remordimiento supone la memoria como su condición más general, en el sentido de que para tener mala conciencia hay que tener buena memoria. Pero, ¡qué recuerdo monstruoso, apasionado y obsesivo! En lugar de que nuestros recuerdos sean imágenes estrictamente localizadas en la conciencia, el remordimiento es una especie de recuerdo canceroso, un recuerdo que acapara todo el lugar, que quiere estar solo y que ya no interesa a tal porción superficial y regional de nuestra experiencia, sino a la totalidad de la persona y su ipseitas íntima; el remordimiento es un recuerdo solitario y calcinante: nacido a continuación de cierta experiencia parcial, pronto absorbe la vida entera, que desorganiza con su hipertrofia. Hele aquí, bien instalado, adherido a nuestra alma con la fijeza inexorable de las grandes pasiones; muchos

[10] *Contemplations: Paroles sur la dune.* Pushkin, *Vospominanié* (1828).

hombres llevan de este modo en sí mismos su dolor como un amor secreto que cultivan con una especie de delectación cruel; todo parece hecho para este dolor y nada podría extirparlo. Pero, sobre todo, el remordimiento es mucho más que recuerdo, pues el recuerdo no es el regreso del pasado mismo (¿en qué se distinguiría, entonces, de la percepción presente?) sino de una imagen de ese pasado. El remordimiento, por lo contrario, no es reproducción, sino supervivencia; lo que esta vez sobrevive, es el pasado *mismo* (*ipse*) o en persona, y es el acontecimiento en carne y hueso. Unamuno habría aprobado esta expresión...

El acontecimiento, decimos y no su doble ni su réplica; como la percepción pura de Bergson es el dato mismo, *datum ipsum*, y no su miniatura, así la mala acción no delega ninguna imagen secundaria para representarla, ningún término medio interpuesto: es la antigua falta la que directamente figura en la conciencia joven y que se prolonga y se entretiene entre las verdaderas percepciones modernas. El recuerdo, en efecto, se remite a un acontecimiento que no depende de mí y del que sólo puedo evocar la idea; el remordimiento, por lo contrario, se remite a una mala acción que es física y literalmente mi obra y en que, por consiguiente, lo efectivo no se separa de lo nocional; el pecado ha sido una realidad exterior cuya significación toda es interior y, *vice versa*, el remordimiento del pecado es una imagen que es un hecho; recordarlo es revivirlo, rehacerlo, de suerte que la mala conciencia, por así decirlo, siente que peca continuamente. Es la esencia misma del remordimiento esta continuación de una falta que resucita literalmente, que en cada momento se renueva en nuestro corazón. No hay, pues, aquí ninguna diferencia entre la materia y lo representado: es la mala acción la que se transporta, tal cual, viva y quemante, en medio de nuestro presente. La falta original es dolorosamente revivida en su remordimiento. La marca de la mala conciencia es este anacronismo paradójico de un pasado que se eterniza y que se niega a morir; el remordimiento no es el pasado (puesto que es la falta misma, que está torturando nuestra conciencia) ni el presente (puesto que nos aporta una tradición ya antigua de sufrimiento y de pecado); en realidad, habría una tercera palabra para designar a ese pasado irrisorio que existe aún y que se aferra a nosotros como un huésped insólito y obcecado; pues si los recuerdos son trazas del pasado, el remordimiento es el *pasado en nosotros*. Lo que falta al remordimiento es el *venir* del porvenir, es la venida inesperada y el regreso de los infiernos. El pasado del remordimiento no "regresa", pues nunca me ha abandonado, pues nunca ha dejado de estar presente: la idea fija de la falta cometida es un pasado continuamente presente; no conoce las bocanadas intermitentes del llamado a regresar, ni esos claros que la evocación y el recuerdo tallan, de cuando en cuando, en el sombrío bosque del olvido. A ello se debe lo que podemos llamar el parasitismo del remordimiento; el remordimiento vive de nosotros aunque sea nosotros, habita en nuestro presente como un intruso, un visitante indiscreto que espía, para ponerlos en ridículo, todos nuestros buenos movimientos. La mala conciencia es una conciencia obsesionada.

Así, todo se aclara. El remordimiento es la lucha contra una supervivencia; o, antes bien, es esta cosa misma que sobrevive. Allí donde la nostalgia y la memoria tratan de retener, el remordimiento quisiera, en cambio, disolver. Sin embargo, el remordimiento se acordará, haga lo que haga. Esta impotencia es su propia marca y si se puede decir, su firma. Pero en moral, ¿no es justamente lo superfluo lo que es necesario? El remordimiento es el más estéril, el más ineficaz de todos los sentimientos humanos. Tal no es, ciertamente, el dolor de la nostalgia, que es la reacción sentimental del yo contra una ausencia; la nostalgia no es la ausencia misma, sino un comienzo de victoria sobre la ausencia; como la emoción, que es en apariencia un descarrío y en realidad una readaptación, los deseos y las nostalgias no son, en el fondo, más que un mal menor: es un dolor que sirve para algo; la dulce y poética melancolía de echar de menos es ya una compensación y un consuelo: ¡consuelo nostálgico, y sin embargo consolador! La nostalgia no es más que un remordimiento tímido, un remordimiento sin desesperación y sin tragedia. Schopenhauer observa esto: [11] el temor, la lamentación y la "deisidemonia" no se deben confundir con el remordimiento; absurdos prejuicios inspiran, a menudo, reproches que remedan las advertencias de la conciencia; toda simpleza o equivocación deja tras de sí una especie de rencor; son los remordimientos de pobres, remordimientos baratos y llenos de indulgencia hacia sí mismos, remordimientos apiadados, en fin, pero no verdaderos remordimientos. Naturalmente, hay que aguardar a que el evolucionismo asociacionista, escandalizado por este dolor sobrenatural, se ofrezca a desviarlo del "miedo al castigo" [12] o de alguna forma de asco. Sin duda, el asco que sigue a ciertos excesos imita a la perfección el remordimiento; se dice *triste animal post coitum*. Sin embargo, el remordimiento es totalmente distinto. Como dice Montaigne sabrosamente, la castidad "que los catarros nos prestan y que yo debo al beneficio de mi cólico, no es ni castidad ni templanza... llamamos sabiduría a la dificultad de nues-

[11] *Preisschrift über die Grundlage der Moral*, Frauenstaedt, IV, p. 172.
[12] Ya San Pablo distinguía netamente Conciencia y temor al castigo: διὸ ἀνάγκη ὑποτάσσεσθαι, οὐ μόνον διὰ τὴν ὀργήν, ἀλλὰ καὶ διὰ τὴν συνείδησιν (Romanos, XIII, 5-6).

tros humores..."[13] En cuanto al miedo al castigo, es antecedente y no, como el remordimiento, retrospectivo. Y por otra parte, este temor mercenario es, como lo dice Kierkegaard en *La Pureza del Corazón*, el destino de las almas "divididas" que a la vez desean y rechazan la salud, que quieren y no quieren y que encienden en torno de ellas los fuegos de paja efímeros de la repartición. ¿No se expresaba en los mismos términos Fénelon, el metafísico del desinterés puro? Digamos, por tanto, adiós a las geneologías reduccionistas, por muy tranquilizadoras que sean; el medio mejor para no expresar el misterio de la mala concienciencia consiste en explicarla por sí misma, sin deducirla del recuerdo ni del remordimiento ni de ningún sentimiento natural, y dejarla expresarse en su propia lengua. A la nostalgia, al recuerdo, la mala conciencia añade algo absolutamente nuevo, un gesto contra natura y que comete violencia contra todos nuestros instintos; la mala conciencia se culpa a sí misma espontáneamente. Y esta agresión es la que es propiamente irracional. Cierto, la mala conciencia no se reconocerá forzosamente culpable si se le pregunta: pero en su "fuero interno" se reprocha cierta cosa, por mucho cuidado que ponga en disimularla, en no conocerla; es vergonzosa, inconsolable, llena de amargura y de nostalgias inextinguibles. La mala conciencia hace este milagro, siendo a la vez juez y parte, de condenarse a sí misma:[14] en realidad, hace allí algo muy sencillo y que sólo nos parece heroico porque la habíamos desdoblado de antemano. En otros términos, y esta es la clave de todo, el remordimiento es dolor, dolor puro y más aún: dolor en carne y hueso. Si ésta es una memoria, hay que confesar que ninguna memoria es más total, más concreta, más "vivida" que el remordimiento; ninguna, salvo tal vez (si existe) aquella que los psicólogos llaman memoria afectiva y que también es un transporte del pasado, experimentado en toda su plenitud y su individualidad viva. Pero la resurrección que, en la memoria afectiva, se opera excepcionalmente, por bocanadas discontinuas, es aquí permanente y crónica; y por otra parte el pasado del remordimiento no trae ya consigo este matiz de pintoresco, esta historicidad, en una palabra, que nos permite fecharlo y reconocerlo como un pasado: es sólo sufrimiento, es decir, presente. ¡Sufrimiento paradójico si los hay! El dolor físico nace de una violencia cometida contra la naturaleza, el remordimiento de una concesión a esta misma naturaleza; ¡sufro muy a menudo por no haber sufrido!

[13] *Cf.* Pierre Charron, *De la Sagesse*, II, 3: "El sentar cabeza o la enmienda que vienen por el dolor, el asco y la debilidad, no son ni verdaderos ni concienzudos, sino cobardes y catarrosos."
[14] Juvenal, XIII *Sátira*: "*Se judice nemo nocens absolvitur*" (verso 3).

Como es sufrimiento, el remordimiento pertenece al orden de los hechos y no al orden del puro saber; preludia las grandes reformas, las conversiones efectivas de la voluntad, y se le puede aplicar sin duda lo que C. A. Vallier escribe, en términos tan conmovedores, de la ley moral: [15] ¡es el único misterio en el mundo, pero es el único misterio inútil para la explicación del mundo!

3. LO IRREVERSIBLE Y LO IRREVOCABLE

El remordimiento es, pues, más que el recuerdo; es el pasado completo, literal, "textual", es presencia real, supervivencia integral. El remordimiento no busca, como la nostalgia, algo desaparecido; se asfixia en la fijeza de sus malos recuerdos como en una pesadilla despierta que lo oprime. Y, sin embargo, remordimiento no es eternidad; esta falta cuya imagen me acosa ha comenzado, tiene por origen una iniciativa de mi libre albedrío. La eternidad es compacta y sin fisura, y es evidente que no nos deja nada que deplorar. En verdad, la mala acción que me atormenta tal vez será inmortal una vez que haya sido cometida, pero antes no había sido cometida, no existía en absoluto: lo que importa es el momento privilegiado y solemne en que algo se produce, una decisión del querer, una libre novedad. Antes que de eternidad inmutable e intemporal, habría que hablar, pues, de irreversibilidad. Pero justamente la irreversibilidad, si la profundizamos, nos entregará todos los secretos de la duración y de la vida. La irreversibilidad constituye la objetividad misma del tiempo. No hacemos de la temporalidad lo que queremos, no la manipulamos a nuestro antojo. La vida y la música, por ejemplo, representan un tipo de progreso orientado en el que se hace acepción del sentido, de ese "sentido" que es a la vez significación y dirección. Y ello, ¿no hace pensar que la irreversibilidad acaso sea el rostro mismo de la espiritualidad? Se dice, con justeza, que la vida "ya no tiene sentido" cuando pierde esta tensión interior que no es otra cosa que una finalidad invisible, cuando se relaja en un polvo de accidentes, en series indiferentes y reversibles cuando por fin recae inerte y sin valor. Todas las veces que es cuestión de "vida" hay que indicar el "sentido" como el geómetra que traza un vector indica con una flecha su dirección. La reversibilidad, ídolo espacial, expresa esto ante todo: la superficie que fue recorrida en cierto orden también puede serlo en orden inverso, a contrapelo o a contracorriente, y de tal manera que el retorno se repliegue exactamente sobre

[15] A. Vallier, *De l'intention morale* (París, 1883), pp. 42-43.

la ida. Esta posibilidad de inversión, al suponer la simetría especular de dos recorridos reciprocables, autoriza toda clase de operaciones cómodas y de manipulaciones divertidas: plegamos una mitad sobre la otra mitad y verificamos así la homología, la equivalencia y la coextensividad del anverso y del reverso. Y por otra parte, la inversión sirve de prueba y de confirmación a la existencia espacial: el objeto surcado al derecho y al revés según dos recorridos simétricos que lo cercan [16] queda definido y encerrado como el objeto. La inversión también es una marca de flexibilidad y de docilidad: así, la lógica establece según qué reglas, con qué precauciones y por medio de qué restricciones las proposiciones se invierten. Como lo que no tiene "sentido" es sin pretensiones limitadoras, resulta manejable, común y perfectamente disponible para toda clase de operaciones mecánicas y de metátesis: como una palabra que se pudiera leer indiferentemente de izquierda a derecha o de derecha a izquierda. El orden vivo ignora esta bilateralidad o reciprocidad de las series estandarizadas. El orden vivo y vivido no se voltea como un guante, y viceversa, es decir, literalmente, el "no-sentido" no encuentra aplicación en esas relaciones "inmutuas" o "irrecíprocas". La imposibilidad de re-pasar, al inverso, por los mismos estadios y así confirmarse a sí mismo la evidencia del trayecto, privando el devenir de esta circunscripción limitante que define el trayecto como objeto, da a nuestro tiempo vivido no se qué de inconcluso, de onírico y de irreal. Lo que se ha experimentado una sola vez sin poder nunca reiterar o confirmar la experiencia se vuelve cada vez más equívoco y, a la larga, infinitamente dudoso... ¿lo he vivido en realidad? ¿Soy yo quien lo ha vivido? Pero sobre todo la asimetría o unilateralidad de ese tiempo se encuentra en el principio mismo de nuestra tragedia: la prohibición, no sólo de invertir sino de repetir, confiere a cada momento, que se ha vuelto semelfactivo, algo único y excepcionalmente precioso; de la unicidad del Kairos, es decir, de la coyuntura flagrante; la fruición en el instante es tanto más apasionada y febril cuanto que hay que renunciar al "bis" como a una quimera... Lo irreversible patetiza, dramatiza y apasiona la duración. Por último, el orden vivo no nos obedece ya como nos obedecen las series reversibles lo bastante suavizadas y bien habituadas a todas las manipulaciones mecánicas. El zapato derecho se resiste al pie izquierdo. ¡Aun cuando las dos simetrías corresponden aquí, una a la otra! Pero la sucesión vivida, en cambio, escapa totalmente de nuestro dominio. No es posible hacer regresar el devenir; el porvenir, convertido en recuerdo por efecto de una futurición que es *ipso facto*

---

[16] Spencer, *Principes de Psychologie*, p. 229.

preterición, no volverá a convertirse en un porvenir. No podemos deshacer, revocar, suspender el tiempo según nuestro capricho. Y por ejemplo: *volens nolens* hay que envejecer, querámoslo o no, seguir el movimiento... *Nolentem trahunt!* Como esos verbos que tienen un solo sentido —incluir, implicar, envolver, englobar— cuyo activo y pasivo no afectan nunca al mismo sujeto en el mismo momento y desde el mismo punto de vista sin contradicción, así el proceso vital, al no ser nunca de sentido diferente, excluye el movimiento de vaivén de la reversión. Es un proceso imantado. La irreversibilidad viva expresa pues, ante todo, que hay cosas absolutamente anteriores y cosas absolutamente posteriores, y que no se toma indiferentemente la vida por cualquier extremo; según que la narremos al derecho como una biografía o que reconstruyamos la película al revés, como una lógica, que vayamos río arriba o río abajo, nos daremos una visión verídica un esquema retrospectivo. Y así, no sólo los actos y los sentimientos son "constantes", sino que el orden mismo en el cual son vividos es algo absoluto, calificado y objetivo, y que no deja de poseer cierto género de necesidad orgánica: es decir que el orden vital nos impone ciertas exigencias de cronología y como una obligación de oportunidad que para el relativismo geométrico no es más que un detalle anecdótico; aquí no existe el derecho de llegar "demasiado tarde", pues las ocasiones perdidas ya no se volveran a presentar y nadie conoce el modo de vivir a la inversa.

El que va de París a Lille puede volver de Lille a París volviendo sobre sus propios pasos y recorriendo en orden inverso las mismas estaciones: ¿No son equivalentes los dos trayectos? Pero la inversión de una melodía, tocada de la última nota a la primera, la inversión de las sílabas de un verso, no producen otra cosa que una cacofonía informe y un balbuceo innombrable; y hasta ocurre que la inversión de dos sílabas, al desnaturalizar la totalidad contextual, *rompe el encanto*: todo se viene abajo y la poesía, que es el *nescioquid* y lo impalpable no entre las palabras, ni alrededor, ni posterior, sino más allá, esta poesía es literalmente trastornada. Y es que, por tanto, el orden en el cual están dispuestos los elementos, la forma o estructura temporal de su sucesión son algo más esencial que la materia misma de los elementos sucesivos. La organización del Adelante-Atrás según el tiempo es una especie de Encanto; pues si la inasignable irreversibilidad es, literalmente, un "encanto", viceversa: el encanto más penetrante, el más inexplicable, el más misterioso, tal vez se encuentre en la irreparabilidad del Haber sido. El *Fuese* es el supremo *deplorable*, el que es inherente al "carmen" de la cosa cumplida. El devenir vivido está aquí en el mismo caso que la música y la poesía. El que imagine vivir a la inversa su jornada o su vida intervierte los trozos de duración, es decir, lapsos e intervalos, pero el detalle respectivo de cada intervalo lo vive al derecho: la continuidad vivida, en último análisis, siempre se vive al derecho, aun en aquel que comienza por el fin y termina por el comienzo, invirtiendo cada vez lo anterior y lo ulterior... Pues devenir es forzosamente vivir "al derecho", y la supuesta inversión misma, a menos de reducirse, como en los mitos de Wells, a un no-sentido espacial, no es nunca más que una irreversibilidad nueva, tan original y tan inicial como la primera: una *interversión de episodios* no es nunca una inversión *de lo vivido*, y sigue siendo una vida al derecho. El ferrocarril de regreso recorre la misma línea al inverso, pero el viajero de regreso vive al derecho, en ese recorrido inverso, una nueva serie de experiencias sin precedente y cualitativamente irreversibles; el viajero en el espacio va y viene alternativamente sobre los mismos trayectos, pero el viajero de la vida, de la vida no vivida, sino viviente, ese viajero viaja y deviene siempre en el mismo sentido según una duración no reversible que es, a la vez, futurición y senescencia.

La retórica, ¡ay!, fomenta las falsas perspectivas y consolida el agradable ídolo de simetría. El verbo, que designa el movimiento indeterminado, sigue siendo fundamentalmente el mismo tras las determinaciones segundas del prefijo: el *subvenir* y el *sobrevenir*, el recuerdo y el porvenir, el pasado y el futuro hacen juego como corresponde a la sístole y a la diástole, la epagogia y la apagogia, la inducción y la deducción, como desmontar y re-montar... Ahora bien Lalande ya se asombraba: de que la regresión sea una progresión que viene de regreso no se sigue que la impresión sea lo inverso de la expresión... Y por otra parte, el lenguaje mismo se traiciona, al distinguir un "derecho" y un "revés", un sentido normal y prototípico, elegido como referencia, y un sentido anormal: los dos términos unidos en parejas simétricas no son equivalentes: el pensamiento retórico no puede defenderse aquí de una imperceptible preferencia que da privilegio clandestino a uno de los dos correlatos, que marca sobre él su acento tónico. Preferencia y prevalencia, preponderancia, predilección, prerrogativa...: hay un pre en favor del derecho, a expensas del revés. Placer y dolor, alegría y tristeza, amor y odio no están sobre el mismo plan, sino que uno de estos movimientos es conforme a la intención natural de la vida, va en el sentido de la afirmación vital, que es edificación y anagesis, ratifica así la vocación del devenir; y el otro es literalmente un proceso invertido. Toda la filosofía de la *tendencia* y de la *intención* confirma esta polaridad. Mejor aún: hasta en el espacio el cuerpo humano, que posee la simetría bilateral pero no la simetría axial, está hecho para afrontar y dar la cara: *progredi, prospicere;* no para dar la espalda. El Retro es contrario a su vocación. Tiene un Delante y un Detrás. Pasado y futuro no forman, pues, una especie de guarnición de chimenea, a izquierda y a derecha de un presente central: sino que difieren cualitativamente como difieren el campo del destino y la carrera de la vocación. El presente no es equidistante entre pasado y futuro del mismo modo que el mediodía, la hora del Sol en el cenit, es un punto indiferenciado que se sitúa entre el ascenso matinal y el declinar vespertino... y sin embargo, con iluminación igual, el alba y el crepúsculo difieren radicalmente, pues una tiende hacia el día mientras que el otro se inclina hacia la noche. También el hombre, entre las dos vertientes y los dos hemisferios de la vida, el hombre tiende y se inclina a la vez: tiende hacia los trabajos, se inclina hacia el sueño y el olvido; se vuelve hacia el *He aquí* engañoso de la "cosa" realizada, pero se despierta para el *He allí* aventuroso y con la esperanza de un advenimiento que le pone en suspenso la respiración. Prioridad y posterioridad, lejos de ser convenciones arbitrarias son, pues, datos en la experiencia como una propiedad cualitativa e individual de esta experiencia misma, como una cierta polaridad propia de las cosas del espíritu; esta polaridad, desde luego, no es una forma realmente distinta de los estados de conciencia; es, antes bien, su verdadera dimensión espiritual, su interior. La irreversibilidad es en cierto modo el aspecto esotérico de la vida mental cuando se la considera según su mayor espesor y, en cierto modo, según su humanidad. Hay en la profundidad de la irreversibilidad un principio de jerarquía que escandaliza nuestra inteligencia mecánica, habituada más a coordinar que a subordinar. ¿No quiere nuestro derecho, por su parte, contratos esencialmente bilaterales? Y he aquí un devenir en que el orden de los términos nunca es cualquiera, siendo precisamente lo que más importa; un devenir que no conoce esas relaciones igualitarias y superficiales sin "sistema de referencias". Una intención concreta circula por sus arterias; adivinamos en él una serie de experiencias heterogéneas que no son intercambiables y que tienen un centro. Tal es la duración con sus preferencias, sus prerrogativas, sus asimetrías. Tal es también la acción. La acción es un dispositivo que no funciona más que en un solo sentido. La acción es asimétrica, como la duración.

Comprendamos bien que la irreversibilidad de la duración es, a su vez, algo anfibológico. "Durar" es a la vez, persistir y huir, permanecer y pasar. El devenir es al mismo tiempo traditivo e ingrato. El devenir es fidelidad remanente y perennizante, pero también es innovación incesante por el doble medio de la futurización y de la preterición: la futurición nos proyecta fuera de nuestro Ahora hacia el Aún no del mañana, es decir, hacia una imagen de nosotros mismos que está por realizarse, mientras que la preterición rechaza la imagen ya realizada, es decir la cosa, hacia el Ya no más de la víspera; nuestro presente, por tanto, es a la vez proyectado hacia un *Nondum* y rechazado hacia un *Jam-non*. La misma anfibología se encuentra en el pasado: en tanto que participio pasivo de lo que ocurre, el pasado es cosa pasada, cosa cumplida y ya inexistente, desperdicio irreparable de la realización; pero en tanto que recuerdo, el Ya no más es relativamente Aún; lo que "ha sido" no es pura y simplemente un no ser, sino que habría que decir, antes bien, que ese Ya *no más* (οὐκέτι) es un medio entre el ser y el no ser, entre ὄν y μὴ ὄν.

El recuerdo resume esta contradicción, pues es en cierto modo una realización ideal que desemboca en una presencia ausente, pues el pasado psicológico es a la vez una cosa y No cosa; pues el pasado es existencia secundaria, volátil, ambigua, tan impotente como insuficiente, siempre deseosa de ahogarse y de atiborrarse y, en tanto que imagen de imagen, irremediablemente disociada de la presencia concreta que definía la percepción del objeto; el pasado es un presente con dolores de evidencia. Este ser descarnado que quisiera reencarnarse, sin embargo, existe aún. La ambigüedad del devenir explica la ambivalencia pasional de nuestros sentimientos con relación a él: es lento en *pasar*, y muy pronto es *pasado*; interminable en el momento, después, breve como un sueño. El hombre desgarrado entre sus dos ópticas contradictorias, la de la retrospección y la del presente-en-proceso-de, va y viene de la melancolía al hastío: todo presente es un presente definitivo, un eterno Ahora mientras que se le vive, y todo presente *habrá sido*, un día, un minuto efímero... En su forma extrema, esta ambivalencia da lugar a dos *pathos* contrastantes: el *pathos* de lo *irreversible* propiamente dicho tiene su fuente en la imposibilidad de repetir, de revivir y, hablando propiamente, de rehacer, pues hay un sentido en que rehacer es hacer por primera vez. Y el *pathos* de lo *irrevocable*, que engendra la desesperación de lo irreparable, tiene su fuente en la imposibilidad de deshacer. El primero, que es el *pathos* del πάντα ῥεῖ, quisiera suspender el vuelo del tiempo, mientras que el segundo quisiera, por lo contrario, volver a poner en marcha la futurición y liberar el devenir bloqueado. Mal de nostalgia y sed de eternidad, el *pathos* de lo irreversible es una melancolía esencialmente romántica: "El tiempo se me escapa y huye. Le digo a esta noche: sé más lenta..." "Amad lo que jamás veréis dos veces." "Nunca volveremos a tener nuestra alma de esta tarde." [17] Reducir la velocidad de las horas fugaces, contener el flujo heracliteano: tal es el mal del siglo de los hijos del siglo ante una duración tan inconsistente como devorante y que engulle los momentos sucesivos en su nada sin fondo. Así, Chateaubriand, Lamartine, Vigny y Hugo se encuentran en situación de adiós perpetuo. Pero Baudelaire, en cambio, vivió los dos tormentos antitéticos: la *angustia* que es un tormento de irreversibilidad,[18] la *obsesión* que es un tormento de irrevocabilidad; [19] o, para sólo designar sus dos formas benignas: la *preocupación* y el *hastío.* Por una parte, el tormento lamartiniano de la existencia escurridiza, blanda y fundiente; el complejo de la arena; la impotencia de captar a un ser en pleno devenir que nunca es más que ante-ser o habiendo sido; por otra parte y sobre todo, el tiempo estacionario, la idea fija, la futurición congelada: la cola del hastío o el escozor del remordimiento. De allí vienen dos formas de desesperación, una de las cuales se llamaría la Muerte y la otra el Infierno: la muerte que es la culminación de la angustia creciente y la suprema tragedia de la irreversibilidad, el infierno que es el suplicio de lo irrevocable, el tormento perfectamente actual erigido en tortura, la desesperación eterna del que muere por no poder morir. Dividido entre la nostalgia de lo pretérito y la preocupación del futuro, el hombre de lo irreversible quisiera colmar un vacío: sólo tiene sed de estabilidad, de consistencia sustancial, de plenitud. Por lo contrario, el hombre de lo irrevocable sólo sueña con anular un lleno, con aligerarse, con litigar y rehacer en sí mismo, no por condensación, sino por limpieza, el vacío bienhechor del olvido. Éste trata de reunir en sí, por presentificación, la mayor intensidad posible de ser, la mayor densidad de realidad: no le basta recordar un pasado demasiado pasado, quisiera revivirlo como presente, y la nostalgia sufre precisamente de este margen nunca colmado entre las imágenes inconsistentes del recuerdo y las presencias de la percepción. Éste intenta, más allá de un enrarecimiento de ser, al no-ser en general. Su problema ya no está en eternizar —haciendo más lenta y después frenando la futurición y la preterición— el presente fugaz, ni en resucitar los momentos difuntos sino, por lo contrario, en activar esta preterición, en acelerar esta futurición para rechazar para siempre un presente, ¡ay! demasiado presente y no liquidable; su problema insoluble es borrar lo imborrable, reparar lo irreparable, remediar lo irremediable y, mediante esta hazaña impo-

---

[17] *Le Lac, La Maison du berger.* Cf. Georges Poulet, *Études sur le temps humain,* Edimburgo, 1949 (University Press), pp. 33-37.
[18] *L'Horloge. Réversibilité.*
[19] *L'irréparable, L'irrémédiable. Remords posthume. Spleen* (II).

sible, descongelar ese retardo del devenir. Como la vergüenza quisiera aniquilar al ser-propio, así el remordimiento quisiera desesperadamente aniquilar el haber hecho.

En realidad, la distinción de los dos *pathos* tal vez no sea tan marcada como acabamos de establecerla. El pasado demasiado pasado de la melancolía es, a su manera, un indestructible. El pasado demasiado presente del remordimiento es, a su manera, un "Nunca más": cosa resuelta, cosa ida, no reiterable. Hay algo de irrevocable en todo irreversible y de irreversible en todo irrevocable... Pero este elemento indestructible de la cosa que echamos de menos no es ya más que un recuerdo, un rastro, una imagen lábil e insuficiente y tan irreal como las ruinas melancólicas de las que se ha retirado la vida: castillo de brumas, poblado de sombras y de sueños: ¡he aquí toda la presencia del pretérito! Lo contrario ocurre al remordimiento: si la falta misma fue expulsada a lo inactual, aunque sólo fuera porque todas sus consecuencias son reparables y todos sus rastros pueden borrarse, el hecho de haberla cometido es incurable e inolvidable, dependiente de una libre iniciativa de nuestra responsabilidad; el acto está cumplido, pero la acción, que es al acto como la intención a la obra, como la disposición neumática a la materialidad gramática o como el *hecho de haber hecho* a la *cosa hecha*, la acción es el elemento imperecedero e incurable del remordimiento; la "res facta" se desgasta por envejecimiento, como las montañas, se convierte en vestigio y fantasma: pero la comisión de la falta no se atenúa en nada bajo el efecto de la erosión, y el tiempo no ejerce ningún efecto sobre la permanente novedad de una responsabilidad. Es que la melancolía lamenta ante todo un *estado*, mientras que el remordimiento se arrepiente de un *acto* o más exactamente de la *acción* inexpiable que produce el acto expiable. La melancolía lamenta esta irremplazable cualidad afectiva de alegría, de placer o de dicha que nunca vivirá nadie dos veces; pero el remordimiento es la mala conciencia de un mal uso de nuestra libertad. Si a toda costa queremos transcribir el remordimiento en términos de melancolía, habrá que expresarse así: lo que el remordimiento "lamenta" no es el "acto" mismo, sino el "estado" que precedía a este acto y que la acción inspiradora de este acto ha destruido; el remordimiento "se arrepiente" de una inspiración malévola, pero por encima del pasado de esa inspiración, "lamenta" lo pluscuamperfecto de la inocencia anterior, de que lo privó su falta: lamenta, en suma, su "vida anterior", la fabulosa Atlántida de su inocencia perdida... Entre el presente y el pluscuampasado se interpone un muro que bloquea al hombre de lo irrevocable el retorno a su irreversible inocencia primera: es el muro de la decisión libre, el muro de una mala acción. El remordimiento, con sus dos pasados escalonados es, por tanto, un caso más complejo que la melancolía. La melancolía languidece en el recuerdo de un pasado inmediato (próximo o lejano, no importa) del que sólo lo separa la fatalidad inerte del tiempo. Los daños irreparables del envejecimiento no pueden, sino por metáfora y modo de decir, ser objeto de un remordimiento: si acaso, se podrá reprochar no haber sabido aprovechar del momento ido mientras ese Ayer estaba presente. Por oposición al simple echar de menos, el remordimiento lleva un exponente: el hombre de la mala conciencia pierde dos veces su inocencia, la primera vez por efecto de la futurición irreversible que hace retroceder toda juventud, toda realidad, todo Ahora convirtiéndolo en pretérito, y una vez suplementaria, por la acción gratuita que no rechaza sino que destruye violentamente esta inocencia ya convertida en pretérito. Así, la maldad, al levantar lo irrevocable sobre la ruta del retorno a la inocencia, ratifica y sella el *Never More* de lo irreversible; obstruye definitivamente la vía de la reversión y echa el candado; hace que lo irremediable sea, si es posible, aún más irremediable. El hombre del remordimiento, aislado de su pasado lejano por el pasado próximo de la falta, desea con un deseo directo expulsar éste, y con un deseo directo o mediato revivir aquél. Pero si lo irreversible es el carácter constitucional del devenir y, con ese derecho, la condición inevitable de la criatura, lo irrevocable, con el escándalo además, es una enfermedad que el hombre egoísta y malvado se da a sí mismo; una enfermedad contraída; una enfermedad por encima de todo lo demás y que en principio podríamos ahorrarnos. El mortal sometido al envejecimiento, y ya enfermo de su devenir en un solo sentido, podría no atrapar además esta escarlatina suplementaria del pecado y, con alegría, agravar su caso de criatura... El *Hacer*, agregándose al *Devenir*, sobrepone una desdicha adventicia, una desdicha crítica e intermitente, una desdicha culpable a la desdicha preexistente y crónica de la irreversibilidad. En estas condiciones, podemos concebir que la preocupación del remordimiento sea, aún más, olvidar o liquidar el pasado número Uno, deshacerse del mal contingente, aún más que revivir el pasado lejano luchando sin esperanza contra el mal necesario. La enfermedad de lo irremediable, ¿no es acaso, ella misma, irremediable? Lo irrevocable es la enfermedad de una duración anormalmente privada de su fluidez, es decir, que se ha vuelto coja y no ambigua: a partir de la falta, la irreversión se ha congelado... ¿Hay medio de perfeccionar la obra del tiempo, volviendo a poner en marcha la futurición? Cierto, nadie puede, sin un milagro sobrenatural, invertir lo irreversible y volver al

statu quo de la primera inocencia una vez que ésta se ha alienado de sí:
pero si no se puede remontar el curso del tiempo, tal vez sea posible
levantar el obstáculo que contiene la continuación del retroceso; la
preterición reparada repara a su vez la futurición, al movilizar de nuevo
toda la máquina del tiempo; disuelto en la corriente general, despojado
de su promoción privilegiada y de su excepcionalidad, el pecado deja de
contener al devenir. Desde luego, no se puede regresar a la castidad
de antaño, pero se puede hacer otra cosa...; ¡hacerlo mejor la próxima vez! Se puede llegar más allá de la falta, alcanzar la otra ribera.
Y si se necesita un milagro para invertir lo irreversible, ¿bastará, tal
vez, una gracia interior para revocar lo irrevocable?

Lo irreversible puede ser, seguramente, sin lo irrevocable. Pero lo
irrevocable, en cambio, agrava siempre una irreversibilidad preexistente... Mejor aún: es este irreversible fundamental el que hace trágico
lo irrevocable, el que da a la palabra pecado su gravedad solemne, su
ultimidad, sus consecuencias irreparables y prolongadas; pero inversamente, también es lo irrevocable lo que dramatiza y patetiza lo irreversible, al sustituir la blanda languidez de la melancolía por el escozor
punzante del remordimiento: pues si la melancolía general que tiene
por fuente una fatalidad metafísica no es otra cosa que nostalgia, el
escándalo sin remedio del que nos reconocemos autores responsables
incendia la mala conciencia con una quemadura ardiente y lancinante;
la languidez de la melancolía no entraña nuestra responsabilidad personal, para la *mala* conciencia no es mala y pesada y vergonzosa sino
porque siente que ha intervenido para su propia desventura, porque
ha sido causa de aquello mismo de que hoy es víctima. Es que en
realidad, irreversible e irrevocable son dos aspectos complementarios
de una sola propiedad fundamental del devenir: el mismo acto semelfactivo, planteando la novedad que rompe el *statu quo* y lanza al pretérito todo lo vivido anterior, este acto instituye una estabilidad y un
eterno presente; por tanto el nuevo orden intemporal tiene su origen
en una decisión irreversible. Esa condición definitiva que el pecado
instaura se debe, por entero, al misterio de un empeoramiento o deterioro del ser moral: la voluntad que renuncia a la inocencia desflora
para siempre al más precioso y al más irreemplazable de sus posibles...
el posible reemplazable, él mismo, no es nunca sino una ocasión desa-
provechada: pero el hecho de no poder reemplazar, unido al deseo
impotente y siempre renaciente de reemplazar, de reparar, de revivir:
¡He aquí lo irrevocable que nos deja inconsolables! Mejor aún: la propia ocasión perdida no se resentiría como una herida incurable si
nuestro devenir vivido, al mismo tiempo que irreversible, no estuviera

limitado y prometido a la muerte: pues es la muerte, en definitiva, la que hace inestimable cada instante de la duración. Y así como el remordimiento de haber causado una pena a un moribundo, de no haber amado lo bastante a una parienta desaparecida, de haber sido injusto con ella, se convierte en remordimiento eterno para quien resiente profundamente la irreparabilidad absoluta de su dura palabra, así también el movimiento de amor adquiere un valor infinito para el agente que, habiéndolo dejado perderse, siente al mismo tiempo la unicidad y la semelfactividad excepcionales de toda ocasión... ¿no es un remordimiento eterno la única compensación posible para este irreversible que jamás revivirá? No, al que ha dejado perderse este valor inapreciable de lo único, no le alcanzará toda la eternidad para arrepentirse. Ante la muerte del prójimo, los condicionales pasados del remordimiento, los amargos yo *habría podido* que sólo lamentan la disponibilidad de los posibles anteriores a la elección se cambian en un inconsolable *Yo habría debido*. Por lo irreparable de la muerte, lo irreversible-irrevocable, velado en el intervalo gracias a revocaciones parciales y a reversiones superficiales, se convierte en un destino puro, en un pasado sin el menor miligramo de esperanza, es decir, de futuro.

Vemos así que el pasado culpable es a la vez y del mismo golpe un pasado-presente vivo y aún caliente que sobrevive en el interior del presente, y un acontecimiento devenido que rechaza al pretérito nuestra primera inocencia. El caro recuerdo de una pureza perdida, multiplicado por el tormento de una falta anclada en nuestra alma: he aquí toda la mala conciencia. Bajo su forma más abstracta, la irrevocabilidad corresponde a cierta experiencia afectiva y temporal de la identidad; *lo hecho, hecho;* o bien, lo que ya no se tiene que hacer. Por ejemplo: el alemán sucumbió en Stalingrado; supongamos que las circunstancias hubiesen arreglado para neutralizar completamente las consecuencias incalculables de esta batalla; supongamos que todo recuerdo se haya borrado en la memoria de los hombres: ello no impide que el acontecimiento *haya ocurrido;* podemos abolir todos los rastros, todas las consecuencias, no haremos que la cosa misma no se haya producido; lo hecho, de una vez por todas hecho está. Tal es lo irrevocable de las grandes acciones de brillo, tal es también lo irrevocable de los crímenes. "¡Nunca podrás dejar de haber hecho lo que has hecho, parricida!" [20] o, como dice Lady Macbeth: "What's done is done." Y en lenguaje negativo: "What's done cannot be undone." Pues, ¿cómo no haber hecho lo que se ha hecho? "¿Quién puede recordar el pasado? ¿Deshacer lo que se ha hecho?", pregunta Milton en *El Paraíso*

---

[20] Claudel, *Le Pain dur*, p. 165. Cf. *Macbeth*, III, 2; V, 2.

Perdido.[21] Pero justamente se puede deshacer la cosa hecha, res facta (o rehacer la cosa deshecha). Lo que no se puede deshacer es el hecho de haber hecho; es el *fecisse* el que es imposible de deshacer... nunca más la cosa hecha podrá devenir no-hecha; ningún milagro hará de la res facta una res *infecta*. Y, asimismo, no se puede hacer que lo que se dijo no se haya dicho; [22] mejor aún: no es posible a la vez haber tenido un día la intención de no haber jamás tenido la intención... En la actualización de un posible, hay una cierta inmutabilidad lógica, irrevocable, automática, que hace que todas las otras posibilidades se desvanezcan de golpe. No que la actualización sea físicamente siempre definitiva, que no se puedan anular sus consecuencias y rechazar de nuevo el acto en su potencia: pero no se puede hacer que lo que ha ocurrido sea nulo y, además, no ocurrido; las posibilidades aniquiladas no resucitarán, pues, como tales, están definitivamente muertas. Tal vez se crearán otras posibilidades, es decir: el acto primitivo volverá a ser invisible, pero no la actualización que es un acontecimiento irrevocable, un hecho puro imposible de destruir. Por muchos meandros complicados que recorra, nunca el devenir vuelve exactamente a su punto de partida, y aun si retornara, como el hijo pródigo arrepentido, ni aun así podría olvidar que un día salió de allí. Este circuito que acaba de recorrer, ¿no cuenta, entonces, para nada? Maurice Blondel observó, con razón, que el principio de contradicción sin duda tiene por origen ese sentimiento de la irreparabilidad del pasado.[23] No tenemos el don de ubicuidad temporal o, como dicen los viejos: no se puede ser y haber sido; cada momento del presente que se crea excluye una infinidad de posibles, representa por decirlo así una elección definitiva. Toda clase de situaciones irremediables se anuda así a nuestras espaldas, y somos prisioneros de esas opciones definitivas que hemos tomado sin saberlo, como de pasada. De allí se sigue que la reacción contra lo irreversible es un imposible, una empresa angélica. Bergson escribe que el problema es "borrar el pasado y hacer como si no se hubiera cometido el crimen",[24] así como Séneca escribía *Quicquid feci adhuc infectum esse mallem*.[25] En realidad, se trata menos de anular jurídicamente el crimen y sus consecuencias siempre reparables que de aniquilar el hecho de haber cometido en general: ahora bien,

---

[21] *El Paraíso Perdido*, IX.

[22] Alain, *Préliminaires à l'esthétique*, p. 23.

[23] *Principe élémentaire d'une logique de la vie morale* (Bibliothèque du Congrès international de philosophie, II, 1903), pp. 51-85.

[24] *Les deux sources de la morale et de la religion*, pp. 10-11: "...Por tanto, es su crimen mismo el que el criminal querría anular."

[25] *De vita beata*, II, 3.

la *quodidad* es inexterminable, pues si para anular el *factum*, es decir la cosa hecha, reparar los daños, resarcirse de las pérdidas basta con una limpieza enérgica, con lustraciones minuciosas y una expiación bien conducida, se necesita un milagro para aniquilar el *fecisse*, que es el instante indeleble de la intención; en el corazón y la fuente del "fecisse", ¿no se encuentra el *fiat* fugitivo pero imborrable, la decisión pronunciada por una libertad, la iniciativa-relámpago inscrita para siempre en nuestra definición temporal e inteligible de agente moral? Es locura o absurdo tratar de trascender el principio de identidad: y aunque se pueda hacer "como si", según la palabra de Bergson, por ejemplo cuando se finje, cuando se deja de hablar de ello, cuando nos negamos a pensar en ello, cuando mediante el silencio imitamos la pureza original, no depende de nosotros recuperar textualmente el paraíso perdido del "infectum", es decir de la cosa no-hecha, no-querida, jamás concebida; ya no nos toca reportarnos, por encima del *fiat* irrevocable, al más-que-pasado de lo Absolutamente anterior: se puede convenir en no tomar en cuenta, pero el devenir, en cambio, ¡sí toma en cuenta! La impotencia metafísica del remordimiento se encuentra, al respecto, en el mismo caso que la impotencia del odio: como el odio, intenta en vano exterminar, pasando por encima de las pertenencias y posesiones destructibles de la persona, la raíz indestructible del hecho personal, por encima de los epítetos empíricos del "ipse" la sustancia metempírica de la ipseida, así el remordimiento querría, borrando las últimas huellas físicas de su falta y enterrando hasta el recuerdo de esta falta, abolir el hecho *metafísico* de haberla cometido. Es querer negar la cosa menos negable del mundo: pues es más fácil a un círculo volverse cuadrado que a un existente ser a la vez él mismo y su propia negación. Se puede suprimir a un ser odiado, exterminar su descendencia, prohibir a los hombres pronunciar su nombre... no se puede hacer que no haya existido. E igualmente: para que no se haya hecho lo que fue hecho, para borrar la estigmatización indeleble, se necesita más que una limpieza y más que todas las esencias de Arabia: ¡es menester una gracia sobrenatural! Odio y remordimiento pueden, el uno por sus destrucciones, el otro gracias a sus lustraciones, obtener la *nada* relativa, no pueden desembocar en la *nada* radical, la que Schelling, con el nombre de οὐκ ὄν opone al μὴ ὄν; [26] pueden "anular" pero no "aniquilar". El remordimiento que en cierto modo es odio de sí mismo y nolontad apasionada de su propio pasado, el odio que es en cierto modo una mala conciencia agresiva, encarnizada no sólo para destruir la existencia de lo existente, sino para aniquilar el hecho en general de que

---

[26] *Darstellung des philosophischen Empirismus* (1836): *Werke*, t. X.

alguien ha existido: tales son dos impotencias del mismo orden: aquélla, más desesperación que rabia; ésta, más rabia que desesperación. La mala conciencia que quiere disolver al Haber Ocurrido irrevocable de la falta quiere lo imposible; y la conciencia malvada, que quiere abolir la ipseidad incorruptible de lo odiado y que odia gratuitamente, no sabe ni siquiera lo que quiere. Es aquello de lo que lo irreversible-irrevocable causa, una vez más, la doble desdicha del Haber Ocurrido; por una parte el Haber Ocurrido es la eficacia semelfactiva que rechaza para siempre la posibilidad inocente y a su vez se deja rechazar por el devenir; por otra parte, el Haber Ocurrido es el hecho consumado que califica intemporalmente al portador de los valores y de tal manera que la segunda vez (aun si el olvido total viniera a interponerse mientras tanto) difiere siempre de la primera. La segunda vez es *otra* vez, aun si repite la primera y sólo difiere de ella por el número ordinal de sucesión. ¡Es la misma vez, y nunca es la misma! El niño irrazonable que quiere precisamente el irreemplazable juguete perdido (éste es otro), y al que un juguete nuevo, o hasta idéntico al primero e indistinguible de él no consolaría, este niño quiere lo que no está en poder de ningún hombre hacer a otro hombre. ¿Perversión infantil o capricho fundado en la naturaleza misma del devenir? ¡Aquí, es la imposibilidad la que causa este loco deseo! Es el no se qué de lo irreversible el que nos pone inconsolables. La *cosa* es reiterable, ¡pero el *acontecimiento* no lo es: la "res", puede reproducirse pero la *quodidad* o efectividad que la hace producirse no se reproducirá jamás! Aristóteles, estableciendo que no hay intención (προαίρεσις) sino por relación al futuro, se expresa así: lo que ha ocurrido no puede no haber ocurrido, τὸ δὲ γεγονὸς οὐκ ἐνδέχεται μὴ γενέσθαι [27] y por ejemplo, ¡no es posible proponerse haber saqueado Ilión! Sólo hay una cosa que ni el propio Dios podría hacer: y Schelling la dirá claramente: hacer que las cosas hechas no hayan sido hechas, ἀγένητα ποιεῖν ἄσσ᾽ἂν ᾖ πεπραγμένα. Nada es a la vez presente y pasado, precisa Leibniz: "...*factum fieri non potest infectum*". Ciertamente, si consideramos las consecuencias de un acto, la apertura infinita del devenir y del libre desear da un mentís al principio de identidad: lo que está hecho no está hecho, lo que está hecho no es nunca hecho, lo que está hecho queda por hacer, por hacer e infinitamente por rehacer. Pero si consideramos la semelfactividad definitiva del *fecisse*, la eterna tautología nos abruma, al contrario, con todo su peso: lo hecho, hecho está. La perpetua re-puesta en cuestión de la cosa hecha es, sin duda, una gran esperanza para el

---

[27] *Ética Nicomaquea*, VI, 2 6 (1139 *b* 6). Leibniz, *apud* Gaston Grua, *Textes inédits* (París, 1948), I, p. 263.

culpable, pero es, sobre todo, una gran lección de humildad para la conciencia demasiado buena; es la mala conciencia de la buena. Y a la inversa, la indestructibilidad del hecho-que vale para la buena acción como para la mala, pero en primer lugar para la mala. Los querubines de lo irreversible, con su espada de fuego, prohíben para siempre el regreso del pecador al jardín del Edén. Y sin embargo, Adán solamente ha desobedecido; ni siquiera trató de ocultar su falta por medio de una mentira: por lo contrario, confiesa... ¿había que maldecir a toda la humanidad histórica por este pecadillo? Pero he aquí en qué es irreparable la caída: ¡el pecador no puede no haber hecho lo que hizo! Basta que un día y una vez haya pensado en ello; ¡ya fue excesivo haber pensado en ello! Así, el paraíso perdido queda eternamente perdido. El remordimiento es, pues, al mismo tiempo aspirado por un vacío temible y rechazado por un lleno ignominioso: el lleno del irreparable haber hecho que ningún milagro puede deshacer, el vacío de nuestra antigua pureza del que ese haber hecho nos separa para siempre. La seriedad del remordimiento llega hasta el límite de la desesperación en lo trágico de la muerte, pues la muerte no distingue ya entre un *factum* que se puede deshacer y un *fecisse* que no se puede deshacer, entre un *Esse* siempre reparable y el irreparable *Fuese*; la desaparición misma de la ipseidad hace, retrospectivamente, de su aparición, un *Hapax* irreemplazable.

Vayamos más lejos: la irreversibilidad tal vez sea la clave de todo dolor en general. Explicamos antes el dolor como una semiadherencia: algo que no alcanza a volverse totalmente objetivo ha dejado, sin embargo, de pertenecer al inconsciente del sujeto puro. Pero no explicamos por qué ocurre que esta semi-pertenencia sea un dolor moral. Supongamos que el objeto al que se adhiere mi conciencia tampoco sea una afección, sino un acto: este acto me pertenece aún puesto que es mi obra; pero también es un objeto distante puesto que no lo puedo abolir, puesto que me es imposible hacer como si no existiera: recuerdo despótico y quemante, me pertenece sin pertenecerme. La irreversibilidad no es, pues, más que una manera de traducir en el tiempo la ineficacia de la semi-conciencia, presa de su propio pasado; el yo que dura se convierte en cada momento en espectador impotente de los actos de que empezó por ser autor, de suerte que hay en el devenir un principio de objetivación monstruosa, una enajenación continua de sí mismo que nos separa cada vez más de nuestra propia adquisición sin lograr, empero, emanciparla completamente. Esto se llama durar y envejecer. En lugar de que el movimiento en el espacio sea puro y simple alejamiento, el tiempo nos sirve para *alejarnos sin dejar de adhe-*

rirnos. Si al menos, retrocediendo cada vez más a la lejanía de las cosas objetivas, nuestro pasado pudiera escapársenos completamente, tal vez nos consolaríamos de esta pérdida; a fuerza de ser irrevocable, ya no nos interesaría. Pero nada de eso; no es tan irrevocable que no dependa ya de mí. De allí que la irreversibilidad del tiempo en general sea una de las causas más comunes del dolor humano. Esa dicha de ser joven, que nos será sustraída por el tiempo, no ha dejado de ser mía; y he aquí que se convierte en una cosa, que otro yo mismo se me ofrece como espectáculo. Pues éste es uno de los grandes dolores de la vida, un dolor tan quemante que nos preguntamos si todos los demás dolores no serán más que simples especializaciones de éste: si en el dolor de los hombres, cualquiera que sea, no hay ante todo el dolor amargo de lo irreparable, es decir, una cierta clase de remordimiento. Tal es la verdadera tristeza de Olimpio.* [28] Los caros recuerdos que disimulamos celosamente en el fondo de nuestro corazón y que son todo lo que nos queda de nuestro pasado, esos recuerdos nos miran como reproches vivos, son los testigos de una dicha que no será jamás; de modo que a menudo no hay más que una pequeña diferencia entre el pasado de la conciencia intelectual y el pasado de la conciencia moral.[29] A veces basta una nadería para hacer hablar esos remordimientos mudos, para cambiar esta posibilidad de mala conciencia en mala conciencia actual: nos reprochamos nuestra ingratitud hacia la dicha, creemos haber vivido demasiado de prisa y el remordimiento germina así del fondo de las cosas que lamentamos. Por ello el valor infinito que atribuimos a la resurrección de ese pasado precioso:[30] cuando, en un relámpago, revivimos aquellos instantes benditos, nos gusta creer en un favor del cielo, pues no nos parece que esté de más el propio Dios para vencer lo irreversible; es lo que ocurre gracias al reconocimiento afectivo, cuando un pasado auténtico vuelve en nosotros bruscamente, por bocanadas y fulguraciones imprevistas, como un perfume de glicinas en la noche. Nuestra vida atraviesa como claros encantados, instantes mágicos en que el pasado nos da la sorpresa de su visita; es una especie de gracia, y el pasado más prosaico le debe su perfume, su

---

* Olimpio: nombre poético con el cual se designa a sí mismo Víctor Hugo en varias composiciones, una de ellas *La tristeza de Olimpio*, en que el autor, llegado ya a la edad madura, se halla junto a un jardín donde transcurrió su infancia, y desde allí oye cantar a sus recuerdos. [T.]

[28] Musset (*Le Souvenir*) reacciona contra esta fugacidad de la reminiscencia.

[29] Guyau, *La Genèse de l'idée de temps*, pp. 81-82. Véase Bergson, *Le Rire*, pp. 84-86 y 165, sobre la oposición de la individualidad práctica y de la reversibilidad mecánica (cómica).

[30] Cf. Nietzsche, *El viajero y su sombra*, II, aforismo 168, sobre la magia del pasado en música. Cf. Alain, *Préliminaires à l'Esthétique*, pp. 251-253.

profunda melancolía. ¡Nunca más! una vez, y luego jamás... ¿Quién no ha gustado en la vida lo que esas dos palabras encierran de inconsolable tristeza?

4. EL INCONSOLABLE. Y DEL CONSUELO

Tres cuartas partes de la religión y de la moral parenética tienen por objeto el consuelo, es decir, la compensación de lo incompensable y, si no en el orden de la falta cometida, al menos en el orden de la pérdida sufrida, la reversión de lo irreversible. Se trata de empirizar la herida metaempírica causada por la muerte de alguien reduciéndola a los traumatismos que afectan, en curso de continuación, ciertos contenidos parciales del intervalo: los objetos materiales son reemplazables porque son intercambiables y en ciertos casos hasta indiscernibles, y cada cosa se ofrece a tapar el agujero causado por la desaparición de otra. Lo mismo ocurre a las ausencias temporales: nos consolamos de la partida pensando en el regreso, anticipando imaginativamente el retorno que tapará el lugar que quedó vacío por la partida y nivelará la alteración. Por último, un fracaso, cuando no es neutralizado por algún triunfo ulterior, puede encontrar su desquite en una especie de mito que el vencido, por convención, se cuenta a sí mismo ¡tanto así dispone el hombre del fracaso, para engañarse, de suplencias imaginarias y de ilusiones vicarias! Aquí, es nuestra voluntad de optimismo la que es el consuelo y la muy aproximativa regeneración. Sobre todo, y fuera de toda mitología, las desigualdades se nivelarían ya, por sí solas, gracias a la acción erosiva del tiempo. El tiempo es un gran consolador, y ello por tres razones: porque es futurición, porque es preterición, porque es digestión de toda novedad. Devenir es, para empezar, devenir otro: el devenir es literalmente "alteración" es decir, advenimiento continuo de otredad; el devenir deviene y el porvenir adviene; los intereses se desplazan y la conciencia que evoluciona pasa a otra cosa. La preterición no es la consecuencia de la futurición, sino que es la futurición misma vista en su anverso: mientras se vuelve otro, y del mismo golpe, el deviniente olvida, liquida, entierra; el deviniente rechaza al pretérito la novedad presentificada, de modo que sea un solo y mismo trámite el que actualiza el *Nondum* e inactualiza el *Nunc*: devenir es al mismo tiempo "no pensar más en ello" y "pensar en otra cosa". El Devenir no sólo es Porvenir y Olvido, sino también Recuerdo: amasa y asimila la novedad, y hace de la vieja desdicha el ingrediente que enriquecerá una experiencia verdaderamente mía; de todo lo que fue nuestro duelo, sólo subsiste esta pátina imperceptible

alrededor de los ojos, vestigio supremo de nuestras pruebas, de nuestras aventuras y de nuestras tribulaciones; la inmanencia engullente
es así la gran obra del tiempo: el devenir, que es la dimensión en la
entropía moral, nivela las asperezas y logra, a la larga, efectuar su tarea
cicatrizante y consoladora. La palabra "superar" expresa de un solo golpe
esta triple sedación temporal: sobreponerse es, primero, pasar a otra
cosa, ir más allá, por encima; después, es borrar, y por último, integrar.
El desgaste irresistible por el tiempo desnudo, la inercia de la emoción
que expira al continuarse: he aquí dos aspectos de un mismo fenómeno; como el instante enamorado, de tanto querer sobrevivirse muere
poco a poco de senilidad, así el viejo dolor se endurece y se calcifica;
el dolor en lágrimas se vuelve dolor seco, dolor de cocodrilo y chochera.
Esta mineralización o disecación del duelo es la forma más natural
del consuelo: el dolor se consuela sólo al devenir; tiende al tartamudeo
y al automatismo, desemboca en la analgesia y la anastesia. El intervalo posee así cierta fuerza trivializante o mediocrizante que le hace
absorber los instantes, degradar las innovaciones, aplanar y limar las
asperezas de la emoción: lo anormal se normaliza, y el primer fervor
del comienzo se apoltrona por el efecto mismo de la continuación.

El consuelo por la sola duración no sólo es lento y gradual sino
también negativo: adormece sin persuadir, no crea en el hombre la
aquiesencia íntima ni la conversión a la paz; borra poco a poco el dolor, no nos devuelve la alegría que precedía a este dolor; pues el tiempo que sin revocar lo irrevocable lo ablanda cada vez más, ese tiempo
mismo es lo irreversible... La erosión o el desgaste progresivos...
es la parte mecánica que hay en nosotros: como las vibraciones de un
diapasón expiran poco a poco si no se le atiende, o, como la curva
cardiográfica de una emoción obedece a la ley de inercia fisiológica
que limita progresivamente la amplitud de sus zigzags, así todo fervor
se enfriará y todo dolor palidecerá. El marasmo de la anestesia senil: he
aquí el término en que desemboca el desperdicio de nuestra tempe-
ratura afectiva y, en general, la degradación de toda energía espiritual.
Ahora bien, esto es inconfesable. Nadie reconocería haberse consolado
sencillamente porque el duelo empieza ya a prescribir o porque la
pena ya es vieja, pues sería reconocer que no somos superiores en ello
a la materia olvidadiza que es *mens momentanea* y que no conoce
fidelidad ni plazos de conveniencia; nadie se reconoce sometido a la
jurisdicción de la ley común, según la cual una pena eterna es tan
imposible como un movimiento perpetuo... No, el creador con cierto
disimulo se niega a obedecer el principio de la conservación, y a reconocer que la continuación del instante supone recursos infinitos.

Se da por sentado que si somos ingratos o renegados, no es porque la arteriosclerosis afectiva haya hecho nuestro pesar un poco leñoso, ni porque el ardor inicial se haya perdido por no alimentarlo, como una vela que se apaga, sino por razones gloriosas y honorables. El apóstata protestaría con indignación —qué duda cabe— si sospecháramos que cambia de opinión por cansancio, pues el cansancio es una variante de la chochera y una recaída en el automatismo. Desde luego, una aflicción digna del afligido tanto como del desaparecido debe ser eterna, como eterno debe ser el amor que el amante jura a la amada... al menos, el día en que hace el juramento. Tal es, ¡ay! el juramento que los candidatos a la próxima desafección han jurado sobre la tumba aún entreabierta: el juramento tácito de librarse de la irónica ley del desgaste y de hacer honor a la gravedad infinita de la pérdida que sufren. El consuelo nos sirve para prevenir la desafección, y en ello es un poco maquiavélico. Es una manera filosófica de secarse las lágrimas y de volver la hoja y consagrarse a otros placeres: pues es más filosófico convertirse por razón que endurecerse por duración. Para empezar, la desafección vergonzosa se torna aquiescencia explícita y abiertamente profesada; a esto se reduce, en suma, el principio de la *Consolación a Helvia*: [31] nada de reticencias sino que, por lo contrario, ¡hablemos de ello! Luego, la consolación motiva lo inmotivado, es decir, ofrece razones a lo que no tenía más que causas, da un fundamento lógico a lo que no comportaba más que una explicación física; no es razonable (aunque sea explicable) que un sentimiento se marchite; pero puede ser prudente consolarse. Por último el consuelo, por ello mismo, abunda en el sentido del devenir y ratifica la vocación natural de la futurición; acelera y precipita su proceso reparador. Toda disonancia será resuelta y pacificada como en las seis *Consolaciones* de Franz Liszt; [32] todo escozor cesará, toda quemadura se aplacará, pues, con ayuda del tiempo, no hay nada que no se calle: pero como la curación puede ser tan lenta (en relación a una vida de hombre) como la marcha de los glaciares o la transformación de los helechos en antracita, el consuelo condensa esta operación médica del tiempo en la duración-expresa de un poema o de un sermón; así, el consuelo-minuto acentúa artificialmente y favorece la tendencia cicatrizante del devenir. Y, si bien es cierto que el devenir cierra las heridas, tapa los agujeros, completa, tapiza e interpola, la consolación movilizadora vuelve a poner en marcha el devenir del ser que tiende a fijarse en su duelo:

---

[31] Séneca, *Consolatio ad Helviam*, II.
[32] Lamartine, *Harmonies poétiques et religieuses*; Sainte-Beuve, *Les Consolations*, etcétera.

vela por que el *fieri* no degenere en *esse*. Donde no había más que la *consolatio sui* (siendo el deviniente, por su devenir mismo, consolador y consolado a la vez) hay ahora dos papeles: el consuelo-agente (el del consolador o del discurso consolante y persuasivo) y el consuelo-paciente, el del consolado que se decide a activar la evolución lenitiva y a abreviar su tiempo de cicatrización moral.

Como ordinariamente la empiria basta para compensar los pequeños trastornos quididativos del intervalo, dos sistemas consoladores, dos consolaciones filosóficas se ofrecen a empirizar el único trastorno verdaderamente metaempírico e incompensable, el que la muerte del otro aporta súbitamente en la continuación: uno de ellos, más bien estoico, trata al afligido por *conceptualización* o trivialización, y el otro, más bien cristiano, por *compensación* ideal; el logos filosófico y la predicación religiosa son las dos tácticas esenciales en esta lucha contra lo irreversible. El primer método consiste en pasar púdicamente en silencio, por perífrasis o eufemismo, la excepcionalidad trágica de una existencia que no será ni renovada ni prolongada y puesto que es lo *irreemplazable* lo que hace lo *inconsolable*, el logos hará, al principio, "como si" la ipseidad que lloramos no fuera *inimitable* ni *incomparable* ni, por consiguiente irreemplazable, como si no representara un *inapreciable* mensaje metafísico, ni siquiera humilde y vil. Iván Ilich,[33] meditando sobre su mal excepcional y misterioso, también busca un alivio, una manera de "solacium", estoico en el concepto abstracto que diluirá su unicidad. El hecho de que nuestra enfermedad se llame escarlatina no reduce ciertamente la gravedad: pero aun reconociendo que esta definición no nos haga más aguerridos contra una amenaza en adelante conocida y llamada por su nombre, hemos dejado de ser víctimas de una tragedia personal y de una inconfesable fatalidad, de poseer un privilegio innombrable; ya no estamos malditos; abstracción de cuadro negro y noción indiferente, nuestra escarlatina será en adelante como todas las escarlatinas. Así se expresa Séneca: "*Maximum... solatium est cogitare id sibi accidisse quod ante se passi sunt omnes, omnesque passuri.*"[34] La muerte es la desdicha universal que, llegando *naturae necessitate*, no permite al Yo exceptuarse a sí mismo en su desventura privada: "*se unum ac suos seponi*". Iván, convertido en Cayo, subsume su caso bajo una rúbrica, como la conclusión de un silogismo cuya premisa mayor es una ley universal. La muerte del hijo de Marcia, en Séneca, es una pieza de este orden, un ejemplo entre múltiples y el caso particular de una verdad general:

[33] Tolstoi, *La muerte de Iván Ilitch*, VI.
[34] *Consolación a Polibio*, 21.

a esta verdad no añade nada este ejemplo, así como al teorema de Pitágoras no añade nada la demostración que se hace del *hic et nunc* en el siguiente triángulo: en esas condiciones la "condolencia", que es un sufrir-con, recupera su sentido literal: mi pequeño dolor personal y partitivo es una aplicación concreta, el fragmento de un gran destino encíclico y macrocósmico; mi dolor de detalle es la muestra singular de algo universalmente-humano; para hablar aquí el lenguaje de la doctrina panteísta y palingenésica del Espíritu Universal: el dolor del que sufro en este momento forma parte de una masa o de un *stock* anónimo, cae en un dominio público en el que todas las criaturas tienen su parte. La "simpatía" [35] es, por tanto, literalmente el acto por el cual mis hermanos me ayudan a llevar mi cruz, es decir, *comparten* activamente mi destino, *participan* de nuestro destino común, atestiguan por su solidaridad esta comunidad de esencia de todas las criaturas que era, según Schopenhauer, el fundamento de la piedad y, según Proudhon, el principio de la justicia. Los simpatizantes o "co-dolientes" toman su parte de mi aflicción. El dolor pesa menos sobre el afligido cuando la "condolencia" distribuye su peso entre varios portadores. Por tanto, el consolado queda a mano con el principio de la conservación, que expresa la ininteligibilidad de toda aniquilación: nada se pierde (*in nihilum nil posse reverti*...), y lo mismo se encuentra bajo otras formas a través de las diversas metamorfosis y reencarnaciones de la vida universal; el desaparecido no ha "desaparecido" tan radicalmente como lo haría creer la apariencia sensible: Leibniz, biólogo de la microscopia y matemático de lo infinitesimal, diría que se ha vuelto invisible por envolvimiento; para el panteísta, pasó a la hierba de los campos o a las vibraciones de la luz. [36] La minimización de la muerte personal es el corolario obligado de este conceptualismo: lo importante no es el incidente o el accidente mismo, el aquí-ahora de la anécdota propiamente dicha... la cual casi no es más que una anécdota humorística; lo importante es la ley general. El desconsolado que se consuela niega la evidencia o, más exactamente, invierte las evidencias, hace como si no ocurriera nada. Tal fue la táctica de una sabiduría que reducía la desdicha máxima de la muerte a una simple apariencia, que desrealizaba nuestra tragedia hasta hacer de ella una ilusión particularista y parcializante del sentido común: el inconsolable, en su delirio, cree que un detalle unilateral es el centro del universo.

[35] Francisco de Sales, Œ. C. (Vives, 1871), t. IX, p. 519 (carta al obispo de Belley, diciembre de 1619).
[36] Ch. van Lerberghe, *Inscription sur le sable* (*Le Jardin clos*), musicalizada por Gabriel Fauré. Empédocles, fr. 7-12.

Los llantos son una embriaguez como la cólera es una demencia, como la alegría es una danza, como el pánico es una borrachera: el desconsolado que toma a lo trágico su duelo se parece a un ebrio cegado por su ebriedad egocéntrica. ¿El dolor? No es nada. ¿La muerte? Casi nada, en todo caso, para nosotros, οὐδὲν πρὸς ἡμᾶς... Séneca escribe a su madre, Helvia, que en el exilio no es tan desdichado como podría parecer. El exilio nunca es más que una *loci commutatio*; y restablece la verdad científica deformada por la perspectiva pasional del ego. De allí viene la idea de un valor que está hecho más de resistencia que de bravura, y que decreta inexistente el peligro. Epicteto, Marco Aurelio y Séneca nunca fueron más allá.

¿Es operante la consolación conceptualista? ¿Es eficaz? Es una consolación de resignación, una consolación para viudas espartanas y que no responde a mi problema en la medida en que no compensa la ausencia personal por la presencia personal: el hombre desolado tal vez esté convencido, pero no está persuadido y aún menos convertido por abstracciones que suplen tan aproximativamente una pérdida tan poco reparable... Y es que el consuelo es una persuasión del fuero íntimo y no un asentimiento razonable. Se trata de enjugar verdaderamente nuestras lágrimas (καὶ ἐξαλείψει ὁ Θεὸς πᾶν δάκρυον ἐκ τῶν ὀφθαλμῶν αὐτῶν),[37] y no desecarlas ni dejar que el envejecimiento y la indiferencia sequen la fuente, así como la vejez esteriliza las fuentes de la reproducción. Ahora bien, para transfigurar efectivamente la aflicción, se necesita una fuerza que sea del mismo orden que esta aflicción y que, como esta aflicción sea un acontecimiento efectivo y una manera de ser de toda la persona; para equilibrar el peso de la desdicha se necesita una fuerza de la misma naturaleza que le haga contrapeso. La idea de que todos los hombres pierden a sus padres un día no endulza, para mí, un desgarramiento que es mi desdicha personal, no teniendo esta idea ninguna relación con aquella desdicha, ninguna semejanza ni medida común, sino que viene a añadirse a ella sin "curarla". Si yo estuviese apegado al ser querido por razones, bastaría con refutar esas razones para desapegarme: la luz del saber desengañaría al hombre engañado, abriéndole los ojos, como la ciencia, según el intelectualismo optimista de Sócrates, hace imposible la injusticia por lo mismo que enseña y re-enseña la nesciencia. Ahora bien, mi irrazonable apego es una locura que resiste a los argumentos ideológicos más capaces de confundirla. La fiebre del apego deja lugar a la fiebre del desgarramiento: el hecho de estar mejor informado no me aliviará. ¿Cómo tendría suficiente fuerza motora una noción más gene-

[37] Apocalipsis, VII, 17 y XXI, 4.

ral y más objetiva de la verdad, para operar la transfiguración de mi
dolor? La Compensación cristiana, más caritativa que la Conceptualización estoica, habla al corazón el lenguaje del corazón, se dirige al
hombre sufriente y no al hombre-silogismo, y constituye, por último,
el diálogo del Yo y del Tú. Pero al principio el consuelo es una promesa en el consolador, una esperanza en el consolado; el consuelo es,
por tanto, del futuro. El futuro no sólo es el tiempo de los Profetas y
de las ocho Beatitudes y especialmente de la segunda: ³⁸ ¡dichosos los
que están afligidos, pues serán consolados! μακάριοι οἱ πενθοῦντες ὅτι
αὐτοὶ παρακληθήσονται — ... quoniam ipsi consolabuntur; este futuro
mesiánico aún es el tiempo del Apocalipsis; la muerte ya no existirá
y no habrá duelos ni quejas: καὶ ὁ θάνατος οὐκ ἔσται ἔτι οὔτε πένθος...
Ese futuro también es el tiempo de la "Buena Nueva". Más aún: el
propio Fedón, que anuncia una cita "allá", ἐκεῖ, en las islas de los
Bienaventurados, el Fedón pronuncia ya las palabras evangélicas de la
esperanza, ἔλπις.³⁹ Es la palabra juanina del Porvenir. Ahora bien,
si la justicia repara el desorden en el acto, la esperanza religiosa expresa que el resarcimiento nunca es inmediato: ¡el intercambio de los
primeros y de los últimos se remite al Más allá, a la Otra vida, al
Otro mundo; para después! Exspecta modicum, anima mea, exspecta
divinum promissum, dice el Liber internae consolationis; quidquid de-
siderare possum... ad solatium meum, non hic exspecto, sed in poste-
rum.⁴⁰ Hay que aguardar pacientemente a que se realice la permutación compensadora. El Tiempo no actúa aquí por una desafección
progresiva, sino por el súbito misterio de la muerte que remite la compensación a un porvenir escatológico. Por otra parte, el desquite es
enteramente ideal, debiendo remitirse el desorden al lugar bajo una
forma inconcebible, sobrenatural y puramente neumática. Esta doble
insuficiencia hace bastante metafórico el resarcimiento que se nos ha
prometido. El propio Fénelon, si bien prevenido contra los antro-
pomorfismos mercenarios de la empirificación, promete a un amigo en
duelo ⁴¹ la reunión de aquellos que la vida separó. Las ocho Beatitudes,
construidas según la simetría del Aquí abajo y del Más Allá, del ἐνθάδε
y del ἐκεῖ, anuncian a todo desamparo su "contrapié": ¡dichosos los que
lloráis, pues vosotros reiréis! μακάριοι οἱ κλαίοντες νῦν ὅτι γελάσετε.⁴²

---

³⁸ La III según la Vulgata (Mat., v, 4).
³⁹ Ἐλπίζω, εὔελπις, etc.: 63 c, 64 a, 67 b-c, 68 a, 70 a. La παραμυθία del Menexeno
(247 c) hace alusión, asimismo, a la cita celestial.
⁴⁰ La Imitación de Cristo: El Libro de la Consolación interior, cap. 16. Tomás de
Kempis, Hortulus rosarum, 7; Vallis liliorum, 16; Soliloquium animae, 24.
⁴¹ Œuvres complètes (París-Lille-Besançon, 1851), t. VIII, p. 591 (carta de no-
viembre de 1701). Cf. Francisco de Sales, t. X, pp. 10 y 474.
⁴² Lucas, VI, 21.

Los primeros que llorarán serán los últimos en reír. Los que tienen hambre quedarán ahítos. Los que tienen sed beberán. El vacío quedará lleno y el harto quedará vacío, etc. El Adiós metempírico, que implica separación "para siempre" o "jamás" es por consiguiente desesperación, se encuentra cambiado en un "Hasta la vista" empírico. Tomás de Kempis también aguarda de María la riqueza para los pobres, la fuerza para los débiles, la gloria para los humildes, la luz para los ciegos, la muleta para los cojos y la unción para los áridos: *lumen caecocum, baculus claudorum, unctio aridorum*... ¡pero bien sabe que no beberá la curación en el cáliz de los hombres! Sin embargo, el carácter puramente simbólico de semejante compensación no puede menos que dejar al desolado con su hambre. Cierto es que esta disparidad misma forma el lado aleatorio, aventurero y apasionante de la Apuesta: se intercambia un Toma, no contra otro Toma del mismo orden (como un prefecto despedido al que, en compensación, se ofrece una embajada, un cuerpo de ejército o el mobiliario nacional), sino contra un *Tú lo tendrás*: así se tratara, por cierto, de veinte, de cien, de diez mil *Tú lo tendrás*, la alternativa aún sería asimétrica, al no haber ninguna medida común entre lo efectivo y lo inefectivo. La presencia de que estoy privado es de un orden totalmente distinto, ¿verdad? que el bono sobre el más allá con que se me gratifica... Fénelon habla de una transfiguración de la sociedad visible en "sociedad de pura fe":[43] ¡No se podría confesar más claramente el carácter aproximativo del consuelo ofrecido!

Así aparecen con evidencia la vanidad, la impotencia lamentable de todo consuelo. Consolamentum, Medicamentum... Ahora bien, ese *consuelo* es un medicamento para conciencias desdichadas, una triaca, para uso de aquel por el que nadie puede hacer nada. Aquella agua de consuelo de la que habla Francisco de Sales[44] y que debe regar o humedecer la quemadura ardiente, curar la úlcera de la aflicción, paliar nuestra desesperación, ese bálsamo sólo consuela al hombre que ya de antemano estaba consolado; ¡pero es que la desolación misma era de broma! El tiempo no es la verdadera medicina de la tristeza, pues aquel al que sólo puede curar el agua del Leteo se encuentra bajo la amenaza continua de una recaída: curar de un dolor dejando de pensar en él no es un remedio positivo ni definitivo. Los silogismos por lo menos son convincentes, pero no son consoladores porque no son persuasivos, y lo que no es persuasivo es el Ergo, dicho de otro modo

---

[43] *Œuvres complètes*, t. VIII, p. 592.
[44] *Œuvres complètes* (Vives, 1871). III, p. 421 (*Entretiens spirituels*, XI, *De l'obéissance*).

el paso de las premisas a la conclusión: ese paso, impecable mientras se trata de Cayo, de pronto se vuelve chocante y escandaloso e incomprensible si Cayo es yo mismo, no el Yo en general (el que es concepto), sino yo. yo el que hablo, que sufro, que temo, que espero, que digo Yo en este mismo momento y que soy la primera persona para mí; una resistencia inexplicable surge desde que no se trata ya solamente de deducir sino de "realizar". No que yo haga excepción a la regla general que se me aplica, pues es el misterio mismo del perspectivismo monádico el que la conclusión sea a la vez legítima y absurda, que el Yo esté a la vez en el derecho común y fuera de él. Hay privilegio, aunque no haya excepción. Si Iván Ilich no encuentra alivio en su silogismo, tampoco el propio Tolstoi se sobrepone mejor a su angustia al considerar la naturaleza eterna y el renacimiento anual de la vida; su consuelo moderniza el consuelo filosófico de un Boecio, que instala en el hombre no tanto la alegría como la anestesia y la resignación: el hombre desolado no reemplazará lo que ha perdido, sino se adaptará a su ser disminuido y se hará una razón: el hombre disminuido y no curado adopta un *modus vivendi* con la insuficiencia... El consuelo religioso, por último, desde la *Imitación* hasta Lamartine y Franz Liszt,[45] me ofrece como única compensación una suplencia *in notione*: aquella voz querida que no escucharé más, este lugar vacío delante de mí, esta presencia carnal aniquilada son inconmensurables con el futuro elpidiano que se me promete; la esperanza no compensa mejor que el recuerdo una pérdida efectiva. Todas esas consolaciones son consolaciones por continuación, es decir por dilución: el tiempo diluye en el intervalo el instante de la aflicción como estira el de la decisión genial; y la misma degeneración que forma nuestro engaño, forma también nuestro consuelo, al aplanarse poco a poco la desesperación, como un heroísmo nivelado por la intermediaridad mediocrizante de la vida. La conceptualización naturista desdibuja mi tragedia privada en la inmortal juventud de las primaveras y de las metempsicosis, mientras que la promesa religiosa escamotea mi pena en los cielos de oro de la atanasia. *Mea res agitur!* La paradoja de mi caso personal, de mi problema, de mi promoción personal sobrevive a las prédicas irrisorias y protesta contra los perdigones y las medallas del Consuelo. Cierto, el cristianismo ha hecho mucho por oponer a la periodicidad de las reparaciones paganas lo irreparable de un sacrificio semelfactivo. La primavera pagana es la resurrección anual incansablemente renovada y siempre perfectamente compensadora. Por una ocasión perdida, ¿cuántas oportunidades aún se ofrecerán, cuántas renovaciones se preparan so-

---

[45] Liszt, *Six Consolations*, 1850.

bre la Tierra? A las muertes súccsivas de Dionisos, Schelling opone la pasión única de Jesús. Cristo sólo murió una vez, y quienes por no haberlo conocido desaprovecharon esta oportunidad única no podrán recuperarla. *Never more!* El *pathos* cristiano es, por tanto, la piedad inagotable y sin cesar revivida que sin cesar renueva el dolor irreparable de la Pasión. Pero si el suplicio de Dios es cosa irrevocable, la resurrección de Dios no es menos definitiva, y es festejada todos los días. Mientras que el pagano jamás se siente desolado, el cristiano oscila de la desolación desesperada a la alegría; vive dramáticamente una compensación que en los paganos se entrega prefabricada: pero de todos modos compensa.

¡Ay!: esta última palabra de *Berenice*, ¿no es también la palabra de nuestra Impotencia ante lo Imposible y, en el caso, ante lo Irreversible? Ni aun en la continuación de intervalo, ni aun en la empiria más humilde se puede desplazar e intercambiar a capricho. Aun en la pérdida del objeto más reemplazable, el más indiscernible de todos los demás y, en apariencia, el más vulgar, hay un no sé qué, algo que nadie en el mundo *puede* devolverme. La imposibilidad de reiterar es todavía más punzante si la "primera vez", dicho de otro modo el acontecimiento original, lleva el nimbo de cierto contexto mental o moral: intención, recuerdo, movimiento del corazón que sin embargo no se puede leer en la morfología misma de la cosa, y no es un elemento de su estructura. Se puede rescatar un objeto idéntico, pero el decorado, la manera (como hubiera dicho Baltasar Gracián), las circunstancias que hacían de la cosa un acontecimiento ya no estarán allí. Fue una mano amada la que me lo dio... El pañuelo de Desdémona era un pañuelo como todos los pañuelos, y el anillo de Melisenda un anillo como todos los anillos. Hay en el bazar muchos otros anillos semejantes; pero pasa esto: les falta la muy vana magia de la pertenencia, la cual no tiene valor cifrable puesto que su precio es infinito y puesto que es del orden de la calidad y no del orden del número; les falta... el elemento imaginario y tan paradójicamente real, ¡la realidad tan irrisoriamente imaginaria del *Nescioquid!* Les falta, en una palabra, el elemento invisible, impalpable e inmaterial del don: no δῶϱον sino δόσις; no *donum*, sino *datio*, pues sin ese gesto de dar-recibir, que implica la caridad y el amor gratuito, el regalo no es más que una compra. ¡Fetiches! gritan los espíritus ilustrados, los caballeros del Logos positivo, pues no tienen ojos para la evidencia a la vez equívoca y unívoca, ambigua e inambigua, discutible e indiscutible del *Nescioquid*. A esta aura que hace tan vagos y atmosféricos los contornos del servicio y la forma del regalo se dirige sin duda la gratitud cordial: la palabra gracias, que

retiene al beneficiario en estado de apertura, expresa que si se cumple
con una obligación material por un servicio equivalente, hay en la
intención servicial del donatario no sé qué cosa infinita que no se puede
devolver. Y asimismo, la piedad expresa que en todo desamparo hay
un no sé qué de incompensable, y que si se lo puede mimar con pala-
brerías, con adjetivos, en el fondo nadie puede hacer nada por él: la
única gran cosa verdaderamente esencial es también la única que nadie
puede dar a otro. El consuelo tiene su imperio, por tanto, sobre las
modalidades, pero no sobre la quodidad misma. Lo que es cierto
de los adornos es, naturalmente, mucho más cierto de las tragedias:
por mucho que la justicia conmutativa diga que todas las mercancías
equivalentes son intercambiables y sustituibles las unas por las otras...
sin embargo, yo me aferro a la humilde flor seca de mis recuerdos, y
no se me resarcirá por el pasado que ella me recuerda comprando para
mí un hermoso clavel fresquecito en la florería. Nadie puede hacer
nada por mí y, del mismo modo, no es un niño en general lo que re-
clama la madre inconsolable, es el suyo, cualquiera que haya sido. Éste
y ningún otro. Ella lo quería no por algún talento notable que poseyera, sino porque era él; lo quería, así fuese absolutamente vulgar o hasta
contrahecho, porque simplemente era suyo. Un talento, siendo del
orden del "tener" y de lo abstracto, también se puede encontrar en
otros; pero el hecho puro de la ipseidad personal no se renovará en toda
la eternidad; y por consiguiente un amor cuyo único "motivo" es esta
ipseidad misma, siendo literalmente un puro amor inmotivado, se
vuelve, debido a lo irrevocable de la muerte, un puro amor desesperado; una pura desolación inconsolable. Individuum est ineffabile: el
individuo es inefable porque, para empezar, es irreemplazable. Al querer
lo que le ha quitado la muerte, es decir el misterio metempírico por
excelencia, la madre en duelo quiere, pues, lo imposible, quiere lo
que nadie puede devolverle, y porque nadie puede devolvérselo. ¿No
es la desesperación esta voluntad sin esperanza? Como no hay sentimiento sino finito y empírico y como nada empírico está a la escala
de la pérdida irreparable que el desolado sufre, de allí se sigue que la
única desesperación sería tal vez proporcional a este valor infinito de
la ipseidad, a ese precio fuera de todo precio del "Hapax" personal.
Pero la desesperación, que es el límite de la aflicción, es lo invivible
en el mismo sentido en que lo absurdo es lo impensable. ¿Cómo continuar más allá del rayo del instante, lo que no se puede experimentar
sinceramente en el intervalo crónico? El infierno tal vez no sea más
que una desesperación continuada. Si prescindimos de esta prueba so-
brehumana, el desolado sólo puede elegir entre la obsesión patológica

de la eterna angustia y la frivolidad casi necesariamente engañosa de un duelo convencional: la viuda y el huérfano no pueden quedarse en el diapasón de la tragedia metaempírica, del valor inestimable y verdaderamente fuera de todo comercio, de la pérdida inapreciable que quisieran compensar. De las frívolas mitologías de la curación, sólo podemos concluir esto: hay que ser *serio*, y tomar la ipseidad en serio. Pues ese Hapax inapreciable es lo que hay más serio de todo.

La seriedad es, por tanto el sentido de lo irreversible, la conciencia de no poder recomenzar nuestra vida. Así como no se puede recomenzar la vida, no se rehace, hablando propiamente, un acto. Como la ciencia reacciona a lo irracional del tiempo por la explicación causal y la identidad, así nuestro corazón reacciona por el sufrimiento a la irreversibilidad de sus alegrías. Cada acontecimiento vivido es una especie de milagro que no se renovará más; y nuestra persona entera lleva en sí misma un no sé qué de excepcional y de semelfactivo, que se da de una vez por todas y que es verdaderamente algo absoluto. En lenguaje peripatético diríamos: mientras que en la clasificación de las nociones abstractas los especímenes singulares difieren *solo numero* o *positione*, o *magnitudine*, y son por tanto enteramente intercambiables, equivalentes y homogéneos (un triángulo cualquiera trazado *hic et nunc* vale tanto como cualquier otro triángulo igual de la misma categoría), en cambio el individuo humano es haecceidad irreductible y universo para sí mismo. Las personas ya no son indiferentemente permutables en el interior de una serie o en el marco de una rúbrica: desafían, pues, la inteligencia económica que sólo quiere encontrar por doquier —en forma de muestras, de ejemplos, de especímenes o de números anónimos— el "no importa qué" del concepto; en lugar de que sea la especie entera (como en las familias de figuras geométricas) la que representa el individuo, es antes bien el individuo el que, por sí solo, constituye una especie. El "principio de los indiscernibles" que el filósofo de la monadología aplicaba a todas las sustancias individuales [46] es el privilegio especial de la persona, tanto en el tiempo como en el espacio, pues la idea de que otro yo mismo pueda renacer después de mi muerte por palingenesia y la idea de que un segundo ejemplar de mí mismo pudiese existir en este momento en el mundo, son, ambas, igualmente absurdas. La unicidad temporal y la unicidad personal, por cierto, se remiten la una a la otra, pues la posibilidad de la duplicación haría más verosímil el segundo nacimiento o palingenesia, como inversamente el renacimiento haría menos absurda la duplicación. Si la rareza nos da el valor de los valores,

---

[46] Louis Couturat, *Opuscules et fragments inédits de Leibniz*, pp. 8-9, 519.

bien puede decirse que la *unicidad*, al ser el "límite" de la rareza, al ser el enrarecimiento enrarecido hasta llegar a ser la fina punta aguda (ἄϰϱον) de la singularidad, representa lo superlativo de lo precioso... ¿No es el Hapax el umbral más allá del cual no hay más que la ausencia y la inexistencica? En este *acumen raritatis*, la vil multitud, el plural sin valor se han aguzado hasta el punto de ser más preciosos que la esmeralda más rara, que el prodigio más inaudito. Pero la *semelfactividad*, en ese caso, que es única no sólo en el espacio actualmente sino en toda la historia, y que ocurre no una vez al mes como la Luna llena, ni una vez al año como las solemnidades de los aniversarios, ni una vez por siglo como los cometas, sino una vez en toda la eternidad, ¿no es la semelfactividad la fina punta extrema de la punta y la cima del apogeo? De tal valor puede decirse a voluntad que tiene un precio infinitamente infinito o que no tiene ningún precio... ¿cómo no nos aferraríamos apasionadamente a ese precio inapreciable, a este valor invaluable que es la fuente de todo valor? Una obra que no tendrá ni segunda audición ni segunda edición ni segunda emisión, que no será repetida ni reproducida, ya es una ocasión única. Pero cuando se trata de esa obra maestra de las obras maestras, o sea la vida de alguien —cualquier vida, de cualquier hombre— la posibilidad misma de la reiteración queda excluida como impensable y contradictoria. Aquí, cada instante y cada instante de instante, hasta el más insignificante no es un hecho raro, sino un hecho único (ἅπαξ) que no reaparecerá jamás; aqui la primera vez siempre es también la última, y los retornos periódicos son, ellos mismos, aproximaciones obtenidas por eliminación de lo irreversible. Y no sólo los instantes cuya sucesión compone nuestra duración son, cada uno, respectivamente un "hapax", sino la muerte, que es el instante último y el más agudo de todos, hace de la vida en conjunto un gran Hapax o el hapax de todos los hapax, poniendo el sello final a su semelfactividad. Si el instante es el menor-ser que no es ni el no-ser ni el ser continuado del intervalo, si el instante es el *Quasi-nihil* o *Nihili-instar* que es el umbral del *Nihil*, la vida de un hombre, encerrada entre nacimiento y muerte, ¿no es en el océano infinito de lo eterno como una especie de gran Instante? Instante de instantes, el devenir total de la ipseidad consuma así el misterio total de la quodidad, es decir del acontecimiento que es al mismo tiempo efectividad y semelfactividad. La vida sólo se le da una vez a un hombre, y no se le renovará. ¡Nunca más! ¿Comprendéis lo que esas dos palabras significan? Una vez, y luego nunca jamás... La vida es, pues, la más preciosa de todas las ocasiones. ¡No desaprovechéis esta oportunidad única en toda la eternidad!

De allí viene, sin duda, la repugnancia que nos cuesta imaginar que un muerto pudiese revivir y ser el mismo; el instante de la muerte es irrevocable, y tan definitivo que el supuesto resucitado no debía estar aún muerto. La idea de la "palingenesia" o nacimiento reiterado desmiente esta misteriosa tautología: que yo soy el único en ser yo. Lo que no quiere decir que renunciemos a toda esperanza de sobrevivir; pero cualquiera que sea nuestra hipótesis preferida: eternidad, inmortalidad personal o palingenesia, que creamos o no en la separación del alma, en todos los casos lo que sobrevive o renace debe ser otro: cuando se ha atravesado este minuto irreparable, ya no se puede en ninguna circunstancia regresar intacto, y hasta se dice de alguien que simplemente se ha aproximado al misterio de la muerte, que trae a este mundo una especie de misterio que lo transfigura, sin saber por qué; el contacto de la muerte se asemeja a esas grandes crisis morales en cuya secuela ya no puede dejar de haber en la vida algo nuevo; o si se prefiere, evoca esas criaturas de genio que, una vez aparecidas, impiden a la humanidad continuar pensando y escribiendo como si no hubiesen existido. Así la *resurrección*, que nos llevaría allende el instante metaempírico por excelencia (pues este instante es el artículo supremo y último, el único vertiginoso del no-ser), la resurrección es lo irrepresentable o aun mejor lo invivible entre todos los invivibles. Y por cuanto al *rejuvenecimiento*, que es una especie de renacimiento en curso de continuación, apenas es menos milagroso que la resurrección misma: pues si nunca se regresa del Más allá metaempírico al aquende del intervalo pasando por debajo del instante mortal, tampoco se regresa del más allá empírico al aquende empírico; así, la quimera del rejuvenecimiento es la espera de un milagro, o bien una tentación o una taumaturgia diabólica. Como una resurrección o un rejuvenecimiento que no serían sino un recomienzo, la *regeneración* contradice nuestra idea de la Persona. No sólo es la experiencia la que nos indica que un brazo cortado, en el hombre, no vuelve a crecer; nos parece que, si creciera, encontraríamos ante nosotros a otro hombre. Como cada uno de sus propios estados, la persona es una totalidad única en su género, y resulta de un número infinito de combinaciones, de relaciones y de elementos que sólo se encuentran una vez; ningún milagro volverá a reunir jamás esos factores innumerables. ¡Pues una segunda vez sería más que un milagro! Por tanto, tendríamos que distinguir tres casos: el de la materia bruta, absolutamente indiferente al devenir; el de los organismos coloniales y de las individualidades rudimentarias que reconstituyen su forma con una elasticidad extrema; por último, el de la persona humana. En ciertos seres, que bien se podrían llamar

inmortales, no se puede hablar propiamente de traumatismos irremediables: el animal, mutilado de uno de sus segmentos, reproduce sin
dificultad un segmento idéntico, así como ciertos cristales "reparan"
sus heridas, son individualidades triviales, anónimas e intercambiables
que se borran en el interior de la especie. La persona humana, por lo
contrario, es mucho más *irreemplazable* que esos individuos en serie.
De la tendencia a repararse no subsisten en ella más que algunas res-
tauraciones muy sencillas, superficiales y, por así decirlo, elípticas. Y es
que aquí el organismo ya no es una individualidad de confección y que
acepte repetirse en un número indefinido de ejemplares, de suerte
que uno pueda ser tomado por otro; por lo contrario, es de una carne
delicada y particularmente sensible, en que las menores heridas per-
manecen largo tiempo abiertas. Se dirá que esa negativa a curarse
es precisamente la marca de la materia inorgánica que no posee el
poder de regenerarse ni de cicatrizar espontáneamente. Pero indiferencia no es fracaso. El organismo, por su parte, bien querría volver a ser
total, pero no puede; de allí esta especie de desesperación fisiológica
que se llama dolor. La materia, intacta o herida, no quiere absolutamente nada, pues es pura exterioridad: sus heridas son definitivas si
se espera una curación natural, o son reparables si la mano del fabricante rehace en sentido inverso lo que se había deshecho; el organismo,
por lo contrario, se siente verdaderamente mutilado y lucha contra lo
irreparable, es decir contra una herida que no puede cerrar aunque
no se resigne a ello. Es un verdadero remordimiento biológico. El
organismo amputado no puede renunciar a su forma natural; no es,
como una silla coja, incompleta solamente con relación al uso artificial
que le damos; trabajará, pues, mediante el juego de la adaptación, de
las compensaciones y de las suplencias, para totalizarse de todos modos,
e inventará un *modus vivendi* con su enfermedad y, si sabe reducirse,
encontrará una manera de equilibrio inferior. El herido sobrevivirá,
pues, pero con una vida reducida, porque es muy raro que no se deba
abandonar algo, que el mal quede íntegramente compensado; casi
siempre deja en nuestro cuerpo debilitado algún rastro minúsculo, así
fuese una predisposición a volver a sucumbir. La cicatriz, ¡ay! quedará
como la firma de la irreversibilidad en nuestra carne.

El sufrimiento es, pues, una especie de desesperación de la organización completa, que se debate vanamente contra lo irreversible. Las
posibilidades de sufrimiento se multiplican a medida que el individuo
es más refinado, mejor concentrado, más sensible a todas las causas de
desgarramiento. Su centralización nerviosa pone al gran metazoario
pensante en estado de hiperalgesia. Al *devenir*, a la *memoria*, a la *con-*

ciencia, el hombre debe sin duda su aptitud incomparable de sufrir. Es en él, en primer lugar, en quien la duración es más tenaz, exaltando así la infinita delicadeza de sus pesares y de sus nostalgias. La duración irreversible tiraría de él hacia adelante, pero la memoria lo retiene por detrás; la memoria, disociando la imagen de la realidad vivida, nos pone frente a nuestro pasado, ese pasado ambiguo que es a la vez una cosa y un acontecimiento del sujeto. La conciencia, por último, puebla nuestro espíritu con objetos que no acabarán todos de madurar; nos sobrecarga con el fardo de los escrúpulos y nos prepara así mil tormentos. "El que aumenta su ciencia aumenta también su dolor", dice una sentencia del Eclesiastés que André Lalande nos recuerda.[47] Hay, pues, una infinidad de maneras de sufrir, y la gama de los dolores comprende innumerables matices. Entre esos dolores, hay uno, sin embargo al que bien podríamos llamar el dolor por excelencia (κατ'ἐξοχήν), y que se distingue de todos los demás. Este dolor no es, como la muerte, una desdicha en sí misma, pero es *culpa mía*; y la compensación esperada ya no se llama aquí Consuelo, sino Arrepentimiento. El remordimiento desespera, no tanto de evocar cuanto de anular, y el suplicio de la irreversibilidad consiste aquí, no en el olvido, sino en la impotencia de reparar. La originalidad y la crueldad diabólica de este dolor están en que la lesión irreparable, la mala conciencia, es la obra misma del enfermo; no sólo compromete su salud, sino que él se reconoce como autor. Imaginemos, si no es demasiado pedir, la especie de horror extraño que un martirizado puede sentir al ver ante sí su propia mano cortada, esta mano que en adelante será un objeto, una cosa entre las cosas, y que sin embargo él persiste en reivindicar como suya, pues ella es *él mismo*. Supongamos ahora que esta mutilación irremediable sea obra misma del torturado. Seguramente, no tendréis aún más que una idea muy burda del remordimiento: en efecto, el remordimiento es un sufrimiento del alma y no de la carne, pero habréis comprendido la calidad particular de desesperación que se agrega, para el escrupuloso, a la irreversibilidad de su mala acción. Algo irreparable va a existir por mi culpa; aquí la complicación proviene de este acto positivo de mi libertad que rompe una continuidad ya irreversible por toda clase de empresas sin retorno. Todo un mito de la Curación va a constituirse en nosotros en torno de la necesidad nostálgica de compensar, de deshacer y de nivelar.

---

[47] *La Dissolution*, pp. 151-152 y Schopenhauer, *Welt als Wille und Vorstellung*, IV, § 56 y suplementos, cap. 46. Cf. Max Scheler, *Le Sens de la souffrance* (*Philosophie de l'Esprit*), pp. 17, 24-28. Kierkegaard, *El concepto de la angustia* (trad. al francés Tisseau), pp. 97, 111, 121.

5. Lo irremediable. Remordimiento y arrepentimiento

Sabemos por instinto que un alma mutilada no se regenera y adivinamos, pese a nuestro deseo de eternizar en nosotros la inocencia o la dicha, cómo la idea de una reparación literal desmiente la irreversibilidad del devenir, pues el revenir del devenir es un monstruo. Y sin embargo, la irreparabilidad es una representación tan insoportable que los hombres la disfrazan lo mejor que pueden; con objeto de hacerla inútil, la religión y la moral han inventado el Arrepentimiento. La distinción entre el arrepentimiento y el remordimiento [48] no es, como comúnmente se cree, una simple diferencia de intensidad; hemos mostrado, al refutar el paso de la voluptuosidad a la caridad, cuán sospechosas son esas bellas gradaciones económicas. El arrepentimiento no es un remordimiento crónico: el arrepentimiento es lo contrario del remordimiento. El remordimiento es la falta misma, la falta no resuelta, que se ha hecho consciente y, por ello, dolorosa; el pecado se conoce como pecado sin dejar, empero, de ser él mismo, de suerte que se puede decir del remordimiento que es, a nuestra voluntad, el sujeto o el objeto, el pecado o la conciencia del pecado, o el pecador, puesto que todas esas cosas no forman más que una sola. El remordimiento, sufrimiento eterno y puro, en tanto que no desemboca más que en sí mismo, parece enteramente insoluble. El arrepentimiento, por lo contrario, es una solución; aquí el acento se desplaza de la falta propiamente dicha, al yo culpable. Lo que constituía el brutal e incurable "realismo" del remordimiento es que el sujeto era, por entero, su propia falta, que se identificaba con ella en cuerpo y alma, como el apasionado con su pasión.

No es que el arrepentimiento haya dejado, propiamente hablando, de reconocerse en su falta; pero ya se separa de ella y ya la falta, que poco antes definía la esencia misma y la totalidad del agente, no representa más que cierto predicado accidental y particular; entre el sujeto y su falta hay ahora lugar para un verbo; se dice: arrepentirse, pues ahora tenemos algo que hacer. En el intervalo minúsculo del sujeto al objeto se abisman, como atraídas por un tiro de chimenea, las buenas obras de la conciencia arrepentida que aguardaban tras la puerta cerrada del remordimiento. A medida que se ensancha así la distancia de los dos egos, la mala conciencia recubre con el ocio ese sentimiento del pasado sin el cual no hay una sapiencia calmada; habla de sus "errores pasados" como de una cosa cumplida y muy dis-

---

[48] Kierkegaard, Las migajas filosóficas.

tinta de su presente; incluso se pregunta cómo pudo sucumbir antes; vemos, pues, que ya está medianamente convertida. Esta libertad, este dulce retroceso de la historia, los busca en vano el remordimiento. No hay verbo para el remordimiento, porque al remordimiento no le corresponde ninguna función: se "tiene" simplemente un remordimiento, se vive cara a cara con el remordimiento, es decir, con la falta, es decir consigo mismo. El arrepentimiento, por lo contrario, es una actitud, cierto modo de comportarse; no dolor pasivo y estéril, sino dolor activo, operación del alma. Sin embargo, a veces casi nada basta para que el remordimiento se convierta en arrepentimiento, para que se ventile esta plenitud irrespirable; nuestro yo desesperado, en un segundo ha tomado conciencia de su desesperación; desespera y se mira desesperar, y se admira y se queja, y todo su dolor se funde en arrepentimientos indulgentes. Arrepentirse es siempre "posar" un poco: la mala conciencia consolada, la mala conciencia vuelta complaciente saborea ahora su desesperación como un espectáculo; la mala conciencia coquetea ante el espejo. Cuando la mala conciencia es capaz de murmurarse un reproche, es que ya no tiene tanta vergüenza de sí misma; ya se soporta puesto que se contempla, puesto que objeta su falta, como a otro yo que ya no es por completo ella misma.

Del remordimiento no hay nada que decir, pues el remordimiento es una enfermedad desesperada. Con el arrepentimiento, ¡en buenahora! tenemos de qué ocuparnos, y las religiones nos dejan elegir entre todas clases de terapéuticas apropiadas. El Evangelio habla de μετάνοια, y decir μετάνοια es decir: arrepentimiento, enmienda, transformación efectiva del corazón y de la voluntad. Cierto es que Bourdaloue predica sobre los remordimientos de conciencia,[49] pero no os equivoquéis: dice Remordimiento y piensa Arrepentimiento; y dice Arrepentimiento por decir obras de Penitencia. Del predicador como de su confesor, el fiel espera remedio y consuelo; por tanto, el remordimiento siempre es para el cristiano un dolor fecundo, la concepción de un alma nueva. Dios invisible y presente tras los escrúpulos de conciencia. Dios me garantiza que no puedo sufrir en vano, que arrepentimiento es una gracia de Dios. La ética del arrepentimiento será, por tanto, finalista y optimista: desde el momento en que el agente, en el dolor de su mala conciencia, entra en relaciones personales con una Sabiduría trascendente, con el Orden eterno del mundo, sabemos que este dolor no es absurdo sino edificante, y que se asemeja a una sanción; no es un

---

[49] *Sermón para el noveno domingo después de Pentecostés* (*Œuvres complètes*, Nancy et Bar-le-Duc, 1864, t. II, pp. 255-266).

callejón sin salida, una desesperación ciega y sin solución; nuestro per-
fccionamiento es toda la teología del arrepentimiento. El arrepentimiento, dice Louis Lavelle,[50] es recomienzo y renacimiento: por oposición al pasado del remordimiento, que es desesperación sin perspectiva
ni horizonte, el arrepentimiento designa el porvenir. El arrepentimiento
ya es edificación y resipiscencia. Así piensa ciertamente Max Scheler
en un ensayo sobre *Arrepentimiento y resurrección*, que es de inspiración básicamente católica.[51] Y, en efecto, si el remordimiento desciende del cielo, si es un favor de las alturas, no puede permanecer
mucho tiempo aferrado a mi alma; ya es arrepentimiento, o sea, objeto.
En Bourdaloue el remordimiento aparece, de antemano, como la "raíz
de todos los frutos de penitencia", como el preludio de la conversión
justificante; es el propio Dios el que ofrece al pecador la ocasión del
retorno; el arrepentimiento es, en lenguaje teológico, una "gracia previniente"; por tanto, aquí es claro que el arrepentimiento es inmediata
convalescencia, preparación a la salvación; y no es ni siquiera un bálsamo aplicado a la herida quemante de algún remordimiento antiguo.
El arrepentimiento cristiano nace de una iniciativa de Dios; el que
es tocado por ella queda ya, por tanto, curado como se cura Orestes
cuando va a comparecer ante la justicia de Atenea: ¡el desenlace no
deja la menor duda! Todo lo demás —el cilicio, el ayuno y las limosnas— no es más que puesta en escena, aderezo, idolatría. Cierto, el
catecismo distingue minuciosamente entre la Atrición, que es el temor
a los castigos eternos o a las consecuencias molestas de la falta, y la
Contrición, que es el primer grado del sacramento de la Penitencia,
antes de la confesión y la satisfacción. *Contritio* es la tristeza por
cuanto a Dios, ἡ κατὰ Θεὸν λύπη, como escribe el Apóstol a los corintios,[52]
es decir, la lamentación de haber ofendido a la bondad suprema; la
esfera de la contrición es, por tanto, el amor de Dios; llama la absolución, nos reintegra al estado de gracia. *In vera contritione et cordis
humiliatione nascitur spes veniae, reconciliatur perturbata conscientia,
reparatur gratia perdita...*[53] Pero, ¿qué prueba esto, sino que desde su
principio el arrepentimiento supone resuelto el problema? Propiamente
hablando, el arrepentimiento no os justifica, sino que atestigua que ya
estáis justificados; es más síntoma que causa; lo que os justifica son

---

[50] *Op. cit.*, p. 64.
[51] *Reue und Wiedergeburt, en Vom Ewigen im Menschen*, I, 1 (Leipzig, 1923),
pp. 5-58. Es la idea de Newman, *Grammar of assent*, cap. v, § 1.
[52] II Cor., VII, 10. Escobar define la contrición (*Liber Theologiae Moralis*, Lugduni,
1656), *animi dolor et detestatio de commisso peccato, cum proposito non peccandi de
cetero...*
[53] *Imitación: Liber internae consolationis*, cap. 52, 18.

los avances que Dios os ha hecho al acordaros la gracia de detestar vuestra falta. ¡Qué contraste entre la postración del remordimiento y la deliciosa humildad del arrepentimiento! Mientras que la mala conciencia aparece deprimida y hostil a sí misma, el alma contrita desborda de dulces esperanzas; confiada y afectuosa, ya no tiene que contemplar sus heridas abiertas: ya tiene una piel nueva, y se sabe perdonada.

Se sabe tan bien perdonada que a veces se da el lujo de querer merecer en seguida el perdón; naturalmente, es un juego en que gana con toda seguridad; representa la comedia con toda buena fe, como el abogado que simula descubrir lo que se ha presupuesto desde el comienzo. Entre Arrepentimiento y Penitencia hay una fraternidad que se marca en las palabras mismas; el arrepentimiento no es, como el remordimiento, sólo un modo de ser, sino cierto modo de actuar, un sistema de buenas obras y de ritos expiatorios; ahora bien, nada alivia tanto como todos esos gestos y ritos en que la mala conciencia llega a expandirse, y que la distraen de sí misma; ora el remordimiento, fascinado por el sortilegio del pecado, se muestra taciturno; ora el arrepentimiento es prolijo, ajetreado, demostrativo. Visiblemente es el gran deshielo: el hechizo queda conjurado; la conciencia ha encontrado en la acción una salida para su desesperación solitaria, nuevamente es libre de sí misma. Por ello el arrepentimiento hace tanto bien; aun esas mortificaciones, esas lágrimas que nuestro prójimo cree dolorosas, no renunciaríamos a ellas ni por un imperio: tan dulces así nos son, tan seguramente presentimos la restauración inevitable de nuestra alma; nuestros llantos no son un efecto del sufrimiento sino, por lo contrario, un síntoma de nuestra curación. Una lágrima o consolación anuncia Lamartine. ¡Ojalá no nos consuelen demasiado pronto! El arrepentido, por esta razón, tal vez prefiera seguir desolado... "¡No quiero que me consuelen!" Esas lágrimas son, por así decirlo, la licuefacción de la mala conciencia que se deshace en buenas obras y buenos propósitos, se disuelve, relega al pasado su falta; la fiebre, el orgullo, la sequedad ardiente del remordimiento se endulzan; nuestra alma llena de compunción se acurruca amorosamente cerca de Dios, y encontramos tanta dulzura en esta humildad que a veces llegamos a olvidar por qué lloramos. Tiutchev dedica un poema apasionado al ángel de las lágrimas que hace llover el rocío celeste. Nuestras propias lágrimas nos enternecen infinitamente, y ya nos consideramos un poco pagados de la desdicha sólo por haber llorado. Las lágrimas del dolor se consuelan ellas mismas, pues llorar nos honra. "El único bien que me queda en el mundo es haber llorado a veces." Y también:

> Al quejarnos nos consolamos,
> y a veces una palabra
> nos ha librado de un remordimiento.[54]

Bossuet, meditando sobre la beatitud de los afligidos,[55] describe en términos conmovedores esta complacencia patética y tierna que en el siglo XVII fue la especialidad de la tragedia.

> Por doquier el dolor, lejos de ser un remedio al mal, es otro mal que lo aumenta: el pecado es el único mal que se cura al llorarlo pero, ¿qué diremos de aquellos que lloran de amor y de ternura? ¡Dichosos, mil veces dichosos! Su corazón se funde en ellos mismos, como dicen las Escrituras, y parece que quiere fluir por sus ojos. ¿Quién me dirá la causa de esas lágrimas? ¿Quién me la dirá? Los que las han experimentado a menudo no lo pueden decir, ni explicar lo que les conmueve. Ora es la bondad de un padre... ora es la ausencia de un esposo, ora es la oscuridad que deja en el alma cuando se aleja, ora su tierna voz cuando se acerca y llama a su fiel esposa: pero, lo más frecuente, es ese no sé qué que no podemos precisar.

Toda la mitología del Duelo se explica más o menos por ese afán de ponerse en regla con el infortunio, de compensarlo mediante cierta conducta apropiada; el alma arrepentida hace lo que debe hacer: lleva duelo cierto tiempo, al cabo del cual será perdonada... y consolada. El hombre de la mala conciencia es carcomido por lo que, con un término muy baudelaireano, Balzac[56] llama las "tenias del remordimiento"; y el arrepentimiento logra hacer llorar su dolor seco, recuperar el tierno dolor de la penitencia. "Anima mea liquefacta est", dice Tomás de Kempis.

Antes de toda contrición afectada o sincera, ¿existe algo como un puro dolor del alma sin ningún pensamiento de regeneración? En realidad, las tres cuartas partes de la moral están hechas para disimularnos este infierno de la conciencia inconsolable, para sustraernos del remordimiento. No hay nada en el mundo que nos aterre tanto como lo inexpiable este pánico es una especie de terror metafísico. Presentimos ya lo inexpiable en la originalidad de nuestros estados de conciencia, y si huimos de la soledad es, me parece, para trivializarlos, para aturdirlos con ruido y diversiones, para trabar la ipseidad en el juego tranquilizador de los intercambios sociales. Y asimismo la moral se preocupa ante todo por neutralizar lo que hay de indestructible y de

[54] Musset, *La Nuit d'Octobre*.
[55] *Méditations sur l'Evangile*, IVe *Journée*.
[56] *Le Père Goriot*.

verdaderamente irreparable en la falta. Ahora bien, nada es irreparable mientras no se desvíe de las intenciones; ¿no es posible, en principio, expiar todo lo que es prejuicio moral, delito, fraude? Se forma así un sistema de compensaciones mágicas que pretende devolver a las almas su pureza, anular no sólo el hecho consumado, sino la intención de consumar. Henri Bergson ha mostrado con claridad cómo la "justicia cerrada" tiene su origen en una versión mecánica y completamente mercantil del equilibrio: [57] atenta sobre todo a la equidad abstracta y jurídica, se asemeja a un "intercambio de malos procedimientos", y se ocupa en restaurar, en resarcir, en nivelar. La igualdad geométrica es poderosa entre los dioses como lo es entre los hombres: ἡ ἰσότης ἡ γεωμετρικὴ καὶ ἐν θεοῖς καὶ ἐν ἀνθρώποις μέγα δύναται... también hay en este sentido una "penitencia cerrada" cuya meta es sobre todo restaurar el *statu quo*, y que neutraliza la duración en el interior del individuo, así como la justicia cerrada conserva el equilibrio y la medida dentro de la comunidad; se trata de realizar la identidad literal del antes y del después, de hacer como si nada hubiese ocurrido, de limpiar el alma a fondo, de tal suerte que el yo de hoy se vuelve indiscernible del yo de ayer; el pecado se ha convertido en una especie de sustancia que se puede expulsar o conjurar y que, propiamente hablando, no pertenece a la esencia de la persona; una purificación fácil y completa ordinariamente demuestra que nuestra mancilla era, desde el principio, exterior. ¿No es necesario haber dejado ya de adherirse para poder arrepentirse? Así, cuanto más inexplicable es una falta, más oportunidades hay de que se encuentre profundamente instalada en mi ipseidad, que sirva para caracterizarme. La penitencia cerrada es, pues, la redención de las faltas periféricas, quedando los pecados centrales irremisibles en el fondo de la persona; por último, la remisión se convierte en una mercancía con la que se trafica, así como el siglo xvi vendía las indulgencias; es posible hacer provisión de penitencia; todo el que almacene de antemano, por obras y mortificaciones, un *stock* suficiente de méritos, podrá gastarlo después en forma de pecado; [58] y hasta se puede, como la gitana de Pierre Louÿs, confesarse y comulgar por adelantado, para constituirse un crédito pensando en las faltas por venir. ¿Por qué no habría de calcularse en el curso del día el precio, en cirios y en Aves Marías, de un adulterio? Una tarifa especial fija el poder de rescate de las obras y hasta de las disposiciones meritorias en el registro del débito y del haber moral; negociamos el arrepentimiento, compramos

[57] *Les deux sources de la morale et de la religion*, pp. 67-70.
[58] Edward Westermarck, *L'Origine et le Développement des idées morales*, t. II, p. 345.

y trocamos perdones. Esta concepción de la reversibilidad de los actos,
sublimada y afinada, domina la teoría de la expiación que Platón expone en el *Gorgias* y que es, sin duda, el tipo de la justicia cerrada y
social: la justicia es la medicina de la maldad;[59] el alma que expía
(δίκην διδοῦσα) borra su fealdad, su asimetría y sus vicios: perjurios,
intemperancia, desmesura. Y Sócrates, dirigiéndose a Calicles dice: tú
te figuras que hay que dominar a los demás; ¡*es que descuidas la geometría!* γεωμετρίας γὰρ ἀμελεῖς.[60] En el purgatorio de la expiación, las
almas torcidas se enderezan, pagan el rescate de su impureza. Bajo
apariencias ascéticas, se adivina una justicia de nivelación y de equilibrio que, después de todo, no es muy superior a la virtud demótica
del *Fedón*: el castigo es simplemente un medio de quedar a mano, una
ilustración moral que librará al pecador de su mancilla. Asimismo,
según el libro IX de las *Leyes*, la expiación (ἔκτισις) sirve para compensar la injusticia concebida como βλάβη o daño. Hay algo común a la
reciprocidad pitagórica (ἀντιπεπονθός) y al legalismo de Jenofonte, a
la "igualdad geométrica" del *Gorgias* y al intercambio compensatorio
(ἀνταπόδοσις) o "antidosis" de la *Ética Nicomaquea*: ese algo es la
justicia de Radamanto que exige, en nombre de la identidad, que
todo actuar (ποιεῖν) tenga por rescate un padecer (πάσχειν) equivalente,
que toda acción soporte, en pasión, su propio contragolpe. Tal es la
ecuación conservadora del dando y dando, fundamento de toda justicia
diortótica. La desmesura padecerá lo mismo que ha cometido. ¿No
sobreviven aún esas compensaciones mágicas en nuestras ideas modernas sobre el Honor? El honor es de todas las virtudes la más fácil de
"vengar": existe un "código" del honor que nos indica en todos los
casos lo que hay que hacer y cómo se exorcizan las diferentes especies
de ultraje: como la justicia cerrada, el honor tiene su *iátrica*. Se constituye así una moral de completo reposo, una moral cómoda y friolenta
para uso de aquellos a quienes espanta lo inexpiable y tienen miedo de
estar solos; el poder redentor de los gestos y de los sacrificios se extiende pronto a las disposiciones del alma, y el arrepentimiento mismo
termina por ser contado como un mérito; todo el que lamenta sinceramente está ya absuelto a medias; las obras de penitencia se reducen
aquí a una especie de alusión extremadamente elíptica y abreviada; el
arrepentimiento es penitencia naciente, ¡nos da derechos sobre Dios!
El pensamiento de nuestro mérito acumulado disipa el malestar de la
irreversibilidad; deja presentir el restablecimiento del *statu quo* y nos

---

[59] 478 *c-d* : ἰατρικὴ γίγνεται πονηρίας ἡ δίκη. 477 *a* : κακίας ἄρα ψυχῆς ἀπαλλάττεται,
ὁ δίκην διδούς.
[60] 508 *a*.

hace sensibles a lo que hay de deliciosamente provisional en la etapa de dolor que el arrepentimiento nos impone.

El remordimiento nos ofrece un contraste asombroso frente a las tranquilizadoras palinodias del arrepentimiento. El remordimiento, que es la experiencia de un pecado irradicable e incompensable, expresa la ineficacia de las penitencias mercenarias y de los ejercicios; es nuestro "verdugo" doméstico. Nuestros estados de conciencia no son mensurables, y las intenciones no más que las emociones; esto quiere decir que son radicalmente heterogéneos, que no podríamos encontrar una unidad común para compararlos. Nuestros estados de conciencia, se dice, son cualidad pura. Pero, ¿qué es la cualidad sino la autarquía de un contenido moral que se redondea, se organiza formando una totalidad completa e inconmensurable con los otros contenidos? Hay en la cualidad en conjunto algo extremadamente fusible y absolutamente exclusivo: ora le es fácil transformarse en su opuesto por poco que la libremos a sus afinidades espontáneas, ora resiste a nuestros esfuerzos para corregirla artificialmente; por ejemplo, el hecho afectivo es una especie de microcosmo o de mundo cerrado, algo envolvente que, en el momento de ser vivido, es vivido para sí, *absolutamente* sin ninguna relación con los demás contenidos de la conciencia; el sentimiento, como las tonalidades musicales, puede modular, a cada instante es el *único* que es *Yo*; es una totalidad actual e insular. Sin duda, el moralista, como el economista, habla de valor; pero no se trata para él de un valor mercantil y que permita comparar, estimar o intercambiar. El valor tan pronto aísla como uniforma; en este último caso, el valor mide la equivalencia, lo igual y lo desigual, lo grande y lo pequeño. Cada uno de nuestros placeres, cada movimiento de nuestro corazón, por lo contrario, tiene un precio inestimable y al que nada se compara; ¿quién evaluará, por ejemplo, la grandeza infinita del amor? Cierto, la reflexión consciente, rechazando esos estados a la objetividad, no tarda en pesarlos, en amonedarlos, en preferir uno al otro; ello no impide que cada placer, tomado en cada hecho, sea en cierto modo absolutamente inapreciable. En esas condiciones, nos preguntamos qué sentido podría tener la idea moral del rescate, aun si es inteligible y por muy tranquilizadora que parezca. Ciertos actos eclesiásticos, un arrepentimiento apropiado, buenas acciones siempre más o menos intermitentes poseerían esta extraña virtud de anular o de compensar nuestra falta: se efectúa sin decirlo la suma algebraica de los méritos y de los pecados, como si unas acciones pudiesen sustraerse las unas de las otras o sumarse entre ellas. Esta contabilidad, este "clearing" irrisorios: a esto se llama examen de conciencia. Exploramos nuestra conciencia como se hace un balance, o como los mercaderes hacen su corte de caja al llegar la tarde. En realidad, mi falta pasada y mi dolor presente ocupan, cada uno, su lugar respectivo en el tiempo,[61] y éste toma la continuación de aquélla y viene a añadirse a ella sin neutralizarla. Este contraste violento del arrepentimiento y del remordimiento tiene, por sí solo, una raíz metafísica; el arrepentimiento insiste más en las *acciones*, el remordimiento pone el acento en la *persona*. Tal vez este contraste del arrepentimiento y del remordimiento corresponda al contraste de dos grandes filosofías morales. Una no considera más que los pecados instantáneos y descuida sus intervalos, lo que Kierkegaard llama el "ímpetu",[62] es decir, la pura rapidez del pecado, el impulso de nuestra alma. La otra se interesa más en la continuidad intensiva del espíritu que en lo deshilvanado de los instantes sucesivos; sabe que el pecado no sólo está en encauzar mal *visiblemente*, sino también en perseverar en la falta. Se dice: *perseverare diabolicum*; pues la falta es una cualidad que se desarrolla de sí misma, y que llena todo el intervalo con malas acciones. Nuestras caídas palpables, como dice Massillon,[63] ¿no son la sucesión de mil caídas invisibles, que ordinariamente pasan inadvertidas de los penitentes superficiales? Para un penitente, la vida moral, casi no es más que una sucesión de actos aislados, ninguno de los cuales me pertenece esencialmente, puesto que se les puede extirpar a todos, a fuerza de limosna, de lecturas piadosas y de austeridades; nuestro rescate es, pues, cuestión que hay que ajustar entre las acciones mismas, y en que no nos encontramos comprometidos por entero; cada acción queda así revestida de cierto coeficiente que representa su poder de neutralización o de disolución; lo que una mala acción particular ha realizado, ¿por qué no lo reabsorbería una virtud particular? Se supone que cada mérito rehace lo que cada demérito respectivamente ha deshecho. Pero, así como el demérito se deduce de un capital de mérito, el mérito no está encargado de compensar las faltas del demérito. Nietzsche indica[64] cómo la mitología del lenguaje apoya ese sustancialismo al graduar los valores, apartar los defectos y las faltas, y aislar, gracias a las palabras, entidades sencillas, inmutables y discontinuas. El elogio y la censura dependen así de un baremo unívoco. Este atomismo, que segmenta nuestra carrera moral, es profundamente ajeno al remordimiento, por-

---

[61] Schopenhauer, *Welt als Wille und Vorstellung*, suplementos, cap. 46.

[62] *Traité du désespoir*, trad. Ferlov y Gateau, pp. 208-214 (La continuación del pecado).

[63] *Sermons pour le Carême*. Para el viernes de la primera semana: sobre la Confesión (ed. Didot, París, 1838), t. I, p. 220.

[64] Nietzsche, *El viajero y su sombra*, II, aforismo 11.

que el remordimiento pone directamente en evidencia a la persona, que es la fuente brotante de todas las acciones, la forma de todos esos contenidos; o, mejor dicho, el remordimiento se interesa por una cierta acción, en tanto que esta acción sirve para definirme, expresa una perversión general del yo; pero, ¿cómo obtendrían algún poder unos ritos particulares contra esta maldad general? Si sólo se tratara del *Hacer*, el arrepentimiento bastaría, sin duda, para curarme: pero se trata de una enfermedad de otra gravedad: es mi *Esse* el que no vale nada; la falta que yo he cometido, formará parte eternamente de mi constitución inteligible, y las buenas acciones que sean su secuela no la "expían" en absoluto; o bien esas buenas acciones son un remedio de mala ley y ocultan el veneno de la complacencia, o bien suponen ellas mismas la inocencia recobrada, de suerte que no son las virtudes las que borran nuestra falta sino, por lo contrario, porque nuestra falta se ha volatilizado se ha hecho posible la práctica de las virtudes. He aquí por qué llamamos dolor puro al remordimiento. La justicia del remordimiento no es represiva ni correctiva... ¿qué digo? El remordimiento es lo contrario de la justicia, el remordimiento es soberanamente injusto. Del castigo considerado como sanción separamos con dolor toda esperanza de remuneración, todo pensamiento de purgación redentora; nos parece que el dolor nos da derechos y que sufrir es acumular una especie de crédito. El remordimiento, por su parte, no nos castiga *para* perfeccionarnos, ni *para* combatir el crimen, ni *para* pagar una deuda; no es un "ejemplo", no es una iniciación y tampoco es un ajuste de cuentas (τίσις), un pago. Y sin embargo, el remordimiento nos castiga por nuestros pecados; esto es verdad. En realidad el dolor del remordimiento no tiene otro fin que él mismo. Su finalidad no es de naturaleza pedagógica o jurídica, pues la conciencia desesperada es necesariamente insolvente; el dolor del remordimiento se parecería, antes bien, al imperativo categórico. Pero en lugar de que la ley, como según Kant, sea autónoma porque tiene que ser respetada, porque hay que cumplirla con desinterés, la desesperación incondicional se abate sobre nosotros a nuestro pesar y nos encuentra pasivos, ansiosos, estériles. Este sufrimiento es desinteresado, como el amor es imprescriptible: puro amor, puro sufrimiento de la desesperación; uno y otro son tan inútiles como desproporcionados a su causa. También el remordimiento podría decir de su falta: porque es ella, porque soy yo. Tal es la ley moral: tan santa, tan preciosa que quienes no han querido amarla por sí misma deberán sufrir por ella gratuitamente. La mala conciencia no lo hace a propósito; como no ha podido ser desinteresada por amor, será desinteresada a regañadientes, por violencia y angustia.

6. El aprendiz de brujo

Así como la ley no es obedecida por su utilidad, la falta no es lamentada por su maleficencia. ¿No sobrevive muy a menudo el remordimiento a la reparación del daño material? Novelistas y poetas se complacen en describirnos las alarmas de una mala conciencia segura de la impunidad: tal el zar Boris Godúnov atormentado por la imagen del pequeño Dimitri,[65] tal, en *Crimen y castigo*, el estudiante Raskolnikov, obsesionado por un crimen del que nadie le hace sospechoso. ¿Qué muralla, qué ciudadela protegerá a los parricidas de la *Leyenda de los siglos*: Caín al huir de la mirada de Dios, es decir, su mala conciencia; Canuto, cuya mortaja de nieve enrojece lentamente con la sangre de su víctima? Pues la justicia de los remordimientos es una justicia sobrenatural. Kant considera un misterio la relación que se establece entre la ley y una "patología", es decir, sanciones afectivas.[66] Más sorprendente aún es la desproporción monstruosa del remordimiento y de la falta. Si la Némesis de los filisteos presidiera el dolor moral como preside las expiaciones de la sociedad, siempre sería igual el equilibrio entre la cantidad de nuestra desesperación y la de nuestro pecado; en las *vendettas*, por ejemplo, la reacción compensa exactamente a la acción; la sociedad, obsesionada por la identidad y la conservación, inventa así mecanismos conservadores que perpetúan la maldición de las represalias. *Tantum metuunt quantum nocent*, escribe Séneca...[67] O bien, ¡sería demasiado sencillo si la ley mecánica de Weber fuese aplicable en el caso! En cierto sentido, ¿no se manifiesta el progreso del espíritu, por la desigualización creciente de la acción y de la reacción, de la causa y del efecto? Tal es el progreso que, según Schopenhauer,[68] conduce de la Causa a la Excitación y al Motivo. La excitación, y aún más el motivo, actúan por desencadenamiento, es decir, les basta una señal imperceptible para esbozar la acción.[69] La causa física debe ser tan voluminosa como el efecto que va a producir, y el resultado expresa directamente la grandeza del impulso causal; como no hay nada en el efecto que no haya estado antes en su causa, se puede decir que la causa explica exhaustivamente el efecto. El motivo,

---

[65] Alejandro Pushkin, *Boris Godúnov*.
[66] *Grundlegung zur Metaphysik der Sitten*, ed. Cassirer (Berlín, 1913), t. IV, pp. 320-321.
[67] Ep., 105, 7, cit. *apud* Bremi, *op. cit.*, p. 23.
[68] *Welt als Wille und Vorstellung*, § 23. Cf. *Preisschrift über die Freiheit des Willens* (*Frauenstaedt*, t. IV, p. 29 ss.).
[69] H. Bergson distingue, en un sentido un poco distinto, tres tipos de causalidad: impulsión, desencadenamiento y desarrollo (*Evolution créatrice*, pp. 79-80. Cf. páginas 125, 199).

por lo contrario, es una causa que hace de palanca y que con dificultad se infla para actuar; algunas indicaciones insignificantes, un gatillo, un estremecimiento fugitivo de la voluntad... y he aquí a nuestra actividad puesta en acción para largo tiempo; cuanto más viva, sutil y delicada es una imaginación, más sensible se muestra a esas señales recibidas de la realidad; maravillosamente impresionable, trabaja sin fin sobre los datos más indigentes; diríase que un sistema de ruedecillas, un engranaje secreto amplifica desmesuradamente en nuestro espíritu las consecuencias de la excitación: la inteligencia comprende con pocas palabras y se vuelve sensible a las alusiones más tenues. Más generalmente, ¿no sirve el cerebro para desarrollar esta desproporción al acumular las reservas de potencia, al decuplicar la eficacia y el rendimiento de la acción? ¿No es la percepción el colmo de la economía, ya que con un mínimo de datos sensibles nos representa cuerpos expresivos y un universo lleno de sentido? Del arco reflejo a la voluntad la distancia no es menos grande que de lo "cerrado" a lo "abierto". La "causa" desempeña cada vez más el papel de una "ocasión" y libera energías particularmente explosivas; no hay tanto causalidad cuanto descarga o desencadenamiento; [70] como la excitación se vuelve insignificante con relación a la enormidad de las reacciones que desencadena, finalmente se puede no tener ya en cuenta la causa y hablar de espontaneidad pura. Cierto, esas deflagraciones "espontáneas" resultan a veces de un largo aplazamiento de la respuesta; se dice: ¡espera, energía cerebral almacenada! Pero los que rechazan las metáforas y las analogías mecánicas preferirán expresar lo que ven; y ven una creación. La ironía de la nariz de Cleopatra y de las pestañas de Zeus, el contraste irrisorio de las causas pequeñas y de los efectos grandes son, pues, apariencias paradójicas que se disipan cuando se considera la susceptibilidad infinita y el infinito poder significante de un espíritu capaz de convertir todo excitante en pretexto y en símbolo. ¡Hasta tal punto que en definitiva, el efecto grandioso tiene verdaderamente una causa grandiosa!

El alma humana es, pues, un medio infinitamente excitable e irritable, en el que la menor vibración despierta sonoridades penetrantes y prolongadas. Así como el germen contiene, en formato minúsculo, todas las promesas de la adolescencia, asimismo el acto generador decide, en algunos segundos, una existencia que llenará una larga sucesión de años. ¿Qué es la memoria si no esta excitabilidad infinita de una conciencia para la que todo acontecimiento puede tener consecuencias desmesuradas? Así se explicarían la superstición de los jura-

---

[70] Cf. Dumas, *Traité de Psychologie*, I, pp. 235 y 278-281.

mentos y en general la aversión que nos inspira toda incoherencia, toda infidelidad de corazón o de espíritu: no se retoma una cosa dada, no nos retractamos de una cosa dicha, *dicta volitant*, etc.; lo hecho, hecho está. *Semel emissum volat irrevocabile verbum*. Todas esas reglas tienen por objeto mantener nuestra creencia en la *solemnidad* de la acción humana, palabra o gesto, promesa o regalo: la ingratitud es escandalosa porque al reducir la duración de nuestro reconocimiento, futiliza la resonancia y el resplandor profundos de la intención bienhechora, y asimismo los perjurios y los reniegos son frívolos y chocantes porque nos evitan tomar en serio la desproporción de la causa y el efecto; olvidamos, en nuestra ligereza, que una sola palabra, una "palabra dada", una decisión tomada puede tener repercusiones incalculables y que, al revocar lo irreversible, destruimos eso mismo que en cierto modo constituye la santidad de nuestra voluntad; renunciamos locamente a nuestro poder sobrenatural, no queremos ser profundos, hacemos nuestros actos fútiles e ineficaces. Por consiguiente, no hay que asombrarse si los que nos rodean, por temor a las voluntades que se desdicen, nos imponen a veces una fidelidad demasiado literal a los hechos consumados y a los votos pronunciados, al no y al sí fatídicos del *fiat* voluntario; sin haberlo querido expresamente, nos devuelve la conciencia de nuestra dignidad. Esta desigualdad de la acción y de la reacción no es un simple efecto de la inercia, como ocurre cuando una emoción sobrevive a la causa que la provocó; [71] y sin embargo, ¿no debiera la "inercia" de la cólera o del amor ponernos ya en guardia contra las consecuencias duraderas, lejanas, indefinidas de la menor emoción humana? No todos los hombres conocen la susceptibilidad y la peligrosa delicadeza de la conciencia; no saben a qué tempestades, a qué fermentaciones da pretexto la palabra más inocente, y les gusta jugar con fuego. El alma humana, la sensibilidad humana exigen precauciones infinitas, de las que los imprudentes no se preocupan. De allí la importancia extrema de las menores cosas cuando esas cosas se producen "al alcance de la conciencia"; un acontecimiento capaz (¿quién sabe?) de volverse eterno gracias a nosotros nunca es indiferente y toma de nuestra presencia una especie de gravedad virtual; tanto así que finalmente arrastramos al mundo entero en la estela de nuestro devenir, para hacernos cortejo durante nuestra vida. Esto es lo que muestra, por ejemplo, la obcecación irrisoria de ciertos recuerdos insignificantes; cada una de nuestras percepciones es un recuerdo naciente, de igual manera cada uno de nuestros actos, por neutro que sea, puede volverse hábito. Se explica

[71] Es lo que el doctor Paul Sollier llama la "ley de derivación": *Le Mécanisme des émotions* (1905), pp. 75-76.

así el absurdo aparente de muchas emociones y, como se verá, del remordimiento mismo; los que no ven más que fulguraciones instantáneas no comprenderán jamás cómo sobreviven tanto tiempo a su razón de ser, cómo terminan por tener una lógica interior y enteramente independiente de las cosas, cómo perpetúan en torno de ellos tanta dicha o tanta desdicha.

Tal es justamente la lógica profunda del remordimiento con sus tormentos desmesurados. El remordimiento, suele decirse, es un dolor inmotivado; habría que decir, antes bien: el remordimiento no es esta legalidad cerrada, simétrica y niveladora que responde "ojo por ojo" a la mala acción; por lo contrario, el remordimiento nos hace sensibles las asimetrías de una equidad paradójica y "no escrita". Así como no es *inmotivado*, el sufrimiento moral no es un sufrimiento *no merecido*; y es que mérito y demérito no tienen aquí nada en común con la justicia de Némesis. Una noche, Canuto mata a su padre, anciano, ya casi inconsciente. No hay testigos. Ningún crimen podría ser más furtivo, más seguro de la impunidad.

> Lo mató diciendo: él mismo no sabe nada.
> Después, fue un gran rey.

¿Cuál es, pues, esta efervescencia monstruosa del remordimiento, que forma con el crimen un contraste tan singular? ¿Y por qué esta persecución sobrenatural, este anatema en que la mala acción aparece dilatada, profundizada, eternizada? ¿Por qué, sino porque la importancia de un acto no siempre es proporcionada a su "volumen"? Los caprichos del remordimiento, como los de la memoria, traducen a su manera esta especie de fantasía profunda que es propia del mundo de la calidad.

Incluso hay en el remordimiento algo que hace que la desproporción de la causa y del efecto sea aún más amenazadora que en la emoción o la memoria; la agravación consiste en que yo mismo soy la causa de esos efectos; ¡yo mismo he querido esas consecuencias prolongadas de la acción! O, antes bien, seamos justos: yo he querido la acción, pero no he querido las consecuencias, yo no he querido este eco duradero, este contragolpe de mi decisión; he querido en suma, sin quererlo, y con una voluntad mal ajustada. El que quiere el *fiat* quiere lo que no puede, escoge más de lo que escoge, pues quiere al mismo tiempo que lo querido, la resonancia y la repercusión no expresamente queridas de este *fiat*. La resonancia es mucho más grave que la mediación, pues si la voluntad antecedente del fin se convierte, en la me-

diación, en voluntad consecuente de los medios que "posibilitan" este
fin (al suspenderlo), éste no es más que un aplazamiento provisional
y una treta adivinada; nada más que una pequeña ironía: el estratego,
renegando en apariencia de lo que plantea, sigue dueño de su manio-
bra. El autor de este acto lamentable es desbordado, a la inversa, por
las consecuencias desmesuradas, monstruosas de su iniciativa; el culpable
no es un maniobrista que monta ingeniosas máquinas de finta y de
antítesis, sino un inocente superado por sus propios poderes. Uno y
otro quieren más de lo que quieren, otra cosa que lo que quieren,
quieren con una voluntad positiva el objeto mismo de su voluntad;
pero el uno lo hace a propósito (pues es un refinamiento de la tem-
porización), mientras que en el otro son la tosquedad y la torpeza de
la voluntad las que están en juicio: pues la punta de la voluntad se
ha mellado; la voluntad ya no es la ironista sino, más bien, la víctima de la ironía del destino. Tal como el amante que, al querer el
placer de amor, desea *al mismo tiempo* —es decir, sin haberlo querido
expresamente— la responsabilidad de una descendencia y los cuidados
de la paternidad. La voluntad antecedente no quería más que la mujer:
la voluntad consecuente, muy a su pesar, querrá los hijos... no
como un medio "con vistas a" (esta es la parte de la volición mora-
toria), sino como una consecuencia más, una consecuencia suplementaria y no deseada, una consecuencia indeseada, "no querida" o,
antes bien, "conquerida" a la cosa querida. El amante no es un estratego, sino el que fue engañado por una farsa... ¡qué broma juega la
especie allí al individuo! En este "automatismo" del efecto no habría nada trágico si la causa estuviese fuera de mí, pues la esencia de
la tragedia es la contradicción, la insoluble e inconciliable coincidencia
de una imposibilidad y de una necesidad. Pero la voluntad que se deja
desbordar por sus obras, pero la imaginación que se deja asfixiar por sus
imágenes son los artesanos de su propia desdicha. El *factum* desmiente
el *fiat* y la *res electa* desfigura la *electio* así como el *opus operatum*
desfigura la *operatio*; la decisión decidida crea destino, y no se lee más
el querer en esta degradación de la voluntad, en ese participio pasado
pasivo que es la cosa querida. La creación oculta una especie de trampa
que la voluntad se tiende a ella misma; abstenerse o dejarse sorprender
en sus propias obras: tal es el dilema irónico en que se debate nuestra
voluntad. Schelling entrevé esta dialéctica cuando habla de la "desdicha de la existencia", y Georg Simmel le da un giro apasionado y muy
moderno llamándola la "tragedia de la cultura"; [72] la vida busca for-

[72] G. Simmel, *Der Konflikt der modernen Kultur* (Munich y Leipzig, 1921);
Philosophische Kultur (Leipzig, 1911), pp. 245-277 (*Der Begriff und die Tragödie der*

mas y un estilo para expresarse; pero las formas y los estilos se vuelven contra la vida; así la religión sucumbe a los dogmas, y la moral a los "gestos", y el derecho a la letra de los códigos; los acuerdos constituidos, por último, lesionan la memoria constituyente. En una palabra, la efectividad del instante se corrompe y degenera en las senilidades del intervalo: toda alegría, toda intención, todo impulso vital se atascarán por equidificación y por aburguesamiento. Sobre todo, la "tragedia de la cultura" es, por la fuerza de las cosas, una tragedia de la expresión. Lo inexpresable, ya le llamemos inefable, indefinible, inexplicable o intraducible, no sólo es la fuente de toda clase de equívocos, sino la causa de un tormento que es conocido desde San Agustín: la "angustia" de Henri Bremond, la inquietud de Maurice de Guérin y de Newman, la propia teología negativa traducen, cada cual a su manera, esta perplejidad del espíritu ante los signos rebeldes. Es la gran ley paradójica del órgano-obstáculo que, al hacer de cada *quia* un *quamvis*, permite la expresión por lo mismo que la impide. ¿Por qué es necesario que el instrumento sea siempre, y por lo mismo, impedimento? ¿Que la resistencia limite el sentido, si el sentido debe encarnarse y por "significación" comunicarse? Tal es la mentirosa visibilidad de la Apariencia, que sólo exhibe mientras oculta y sólo revela mientras deforma; tal es el régimen oblicuo y ambiguo del Quiasma.

Sin embargo la rebelión de la que hablamos es otra cosa; no se trata, como en los "símbolos místicos", de una desfiguración del espíritu, siempre inadecuado a las señales que lo expresan; tampoco de este empobrecimiento de una posibilidad que sólo se vuelve real al dejar de ser infinita... pues lo posible devenido existente suprime todas las demás posibilidades sin retorno. El hecho consumado no sólo es irreversible, captura la voluntad materna y le hace pagar su imprudencia.[73] La creación es, pues, arma de dos filos; nuestra voluntad da la existencia a un posible, pero lo posible domina a su anterior amo; como la Clitemnestra de Eurípides, la voluntad engendra sus propios asesinos: φονέας ἔτικτες ἀρά σοι. Ἡ τέξεταί γε παῖδα φέρτερον πατρός,[74] dice por su lado el Prometeo de Esquilo. Eugenio d'Ors habla en alguna parte [75] del colonizador colonizado, y esa inversión podría servir para caracte-

---

Kultur); *Lebensanschauung* (Munich y Leipzig, 1918), pp. 98 y 160-162. *Cf.* el bello libro (en ruso) de Fédor Stépoune, *Vida y creación*, cap. II (La tragedia de la creación en Friedrich Schlegel).

[73] H. Bergson, *Evolution créatrice*, p. 140: "El acto por el cual la vida se encamina a la creación de una forma nueva y el acto por el cual esta forma se designa son dos movimientos a menudo antagónicos." *Durée et simultaneité*, p. 107: "La facultad que se tenía de elegir no puede leerse en la elección que se ha hecho en virtud de ello."

[74] *Electra*, verso 1229. *Cf.* Esquilo, *Prometeo encadenado*, verso 767.

[75] *Du Baroque*, p. 197.

rizar la relación ironicodialéctica de Grecia y de Roma: "Graecia capta ferum victorem cepit..." ¡El cautivo captura a su vencedor! Este régimen de la causa causada, este intercambio de papeles entre agente y paciente son tan característicos de la duración como de la vida: de la duración porque la duración es una operación continuada y un comparativo cuya incesante sobreestimación produce obras más grandes que su autor; de la vida, ya que la vida no es tanto creación como procreación, es decir emancipación de la progenitura. Ese reniego sacrílego del creador por su posteridad es el sacrificio necesario y doloroso [76] que es el rescate de todo parto: comienza con el dolor desgarrador del alumbramiento y termina con la inversión del activo y del pasivo. León Tolstoi confronta en una página desgarradora de La guerra y la paz la muerte de la princesa Bolkonskaia y el nacimiento del pequeño príncipe Nicolas Andreievitch, esta muerte es el rescate de este nacimiento, y nos hace oír, uno tras otro, el grito aterrador, el último grito de la madre y el primer vagido del recién nacido; desde el primer grito del hijo, la voz de la madre ha callado para siempre. Todos conocemos la desventura del Aprendiz de Brujo: olvidó la palabra que refrenará las potencias mágicas. La voluntad puede deshacer lo que ha hecho, pero no el hecho de haber hecho; su brujería es unilateral. El hombre, dice Schelling,[77] es amo de su acción para hacerla pero no para deshacerla; semi-brujo de una semi-magia, el amo de la acción por hacer se convierte en el servidor de la acción ya hecha. Este es un antiguo tema bohemista [78] de donde Schelling ha sacado un mundo de pensamientos, pero también es la palabra de nuestro destino y la trampa de toda demiurgia creatural. La trampa es lo que permite la entrada para impedir la salida; la trampa cautiva para capturar; induce o seduce por astucia explotando la disparidad coja del querer. Es el régimen de la válvula. Así como la criatura es lo bastante libre de su vida para darse muerte, pero no lo bastante para cambiar de opinión después y, una vez realizado el gesto fatal, volver atrás y resucitarse a sí misma ("facilis descensus Averni, sed revocare gradum..."), así la semi-conciencia en su semi-poder, no puede atajar las consecuencias de una primera decisión ni moderar la causalidad amplificante del desencadenamiento ni frenar la aceleración vertiginosa. Semel jussit, semper paret! así como Mefistófeles, si entra libremente en el círculo mágico, ya no puede salir a su voluntad... ahora bien, hay que

---

[76] Balzac, Le Père Goriot: "Les dais la vida, ellos os dan la muerte." Tolstoi, La Guerra y la Paz, II, 1, cap. IX.

[77] Werke, t. X, p. 270. Cf. pp. 144-145, 263.

[78] Boehme, Mysterium Pansophicum, II, 2. Schelling, VII, 347; XII, pp. 153, 163-164, 615-616; XIII, pp. 208-209, 350; XIV, p. 257. Cf. IX, p. 219.

comprender que nuestra impotencia no es una impotencia material: es, antes bien, el aspecto formal, esotérico e inmanente de nuestra potencia, y el anverso o el contragolpe de esta potencia. Si, en lugar de una potencia asimétrica, el hombre poseyera la *omnipotencia*, que es potencia bilateral y brujería completa, no conocería ese choque de rechazo que es ¡ay! la flaqueza de toda fuerza aquí abajo y la inferioridad de toda superioridad; ¡no pagaría el rescate de su demiurgia! Pero como es un aprendiz de demiurgo, sufrirá esta alternativa con retraso: la autonomía de su progenitura. Póstuma y siempre ulterior es la pasividad inherente a su actividad; la debilidad de esta fuerza no aparece tanto en el momento cuanto posteriormente. La voluntad no es más fuerte que su propia fuerza, y nuestra propia libertad termina por convertirse en el dato, la naturaleza según la cual escogemos: tan cierto así es que el libre albedrío se opone a la indiferencia. Para hacer todo lo posible, se necesita mucha fuerza, pero para deshacer el hecho de haber hecho, para borrar la constelación que ya se dibuja en la elección de un posible, se necesita más que la fuerza, se necesita un poder sobrenatural y que pueda revocar lo irreversible. Lo hecho hecho está, tal es el verdadero *numen*, la potencia del destino que, según los paganos, domina lo arbitrario, aun del propio Zeus; el propio Zeus es prisionero de las cosas dichas, Zeus debe respetar los pactos cuyo autor es. Con mayor razón los hombres: los hombres instituyen cierto orden al que llaman la Ley y que los domina pronta y peligrosamente; como aprendices de brujo, consideraran con terror ese monstruo cuyos padres son. He aquí algo que armonizaría sin duda las exigencias del idealismo con las pretensiones de la objetividad; no hay que asombrarse si un objeto que es nuestra obra se vuelve independiente de nosotros, puesto que la generación biológica nos muestra a cada instante el organismo absorbido en la producción de un *Alter ego* que renegará de él... Esta ingratitud de la progenitura es, diríase, una trampa que Dios ha dispuesto en el acto creador para que perezca por donde triunfa, a fin de que se neutralice a sí mismo; el orgullo de crear lleva, pues, en sí su mismo su propio remedio. A cada instante nuestra persona auténtica despega así de sí misma a una persona fabricada u oratoria de quien es su primera víctima; este parricidio que domina toda la vida del espíritu volvemos a encontrarlo en el tormento del malvado autor así como en el remordimiento del culpable. El libro impreso, la obra representada sobrepasan infinitamente al escritor que va a asistir, espectador impotente y consternado, a la amplificación monstruosa de sus propios errores.

El juego de palabras permitía, justamente, según los románticos, devolver al aprendiz de brujo la magia completa, devolver a la poesía el total dominio del lenguaje y de las imágenes: el cuento, jugando con los sueños, revoca muy caprichosamente la objetividad apolínea de sus propias criaturas... Ahora bien, ¿qué ironía, qué juego de palabras, qué "Fantasiestück" devolverán nunca al agente el dominio máximo de su mala acción? Pues ahora no se trata ya de una obra de arte, sino de un pecado; ya no de objetividad estética, sino de valores éticos; burlarse o hacer humorismo nunca harán que la falta cometida no haya sido cometida. De lo que se trata no es de la desventura de Pigmalión ni de Gandalín, sino del infierno de los remordimientos. Pero, ¿no está allí todo el drama de la mala conciencia, esta conciencia que nos revela en el objeto un adversario más fuerte que nosotros? El pecador no sabía, en el momento de cometer, que hubiese tantas riquezas, y tantas aventuras en su decisión, no sospechaba que las obras más voluminosas nacen, por decirlo así, de un simple germen. Si hay algo de singular en la mala conciencia, es esta vitalidad, esta prosperidad irrisoria de la falta y esta impotencia para extirparla. "¡Engordado por haberme consagrado!" gritan las Euménides a Orestes. "¡Te devoraré vivo, no serás degollado en el altar!" [79] La desesperación, dice Kierkegaard,[80] no es la imposibilidad de vivir sino, por lo contrario la imposibilidad de morir; el malvado muere antes que su maldad,[81] y el veneno del centauro sobrevive largamente al monstruo que la flecha de Hércules acaba de abatir. Por ello nuestra falta nos parece una intrusa; sabemos que hemos sido poseídos, espiados, engañados:

Siento que me vuelvo ajeno a mi vida;

nos parece que, sin ella, seríamos mejores, que somos mejores que nuestras propias acciones; en nosotros, nuestro pecado es distinto de nosotros.

¿Distinto de nosotros? ¿O simplemente algo de lo que ya no hacemos lo que queremos? Si nuestra falta fuera absolutamente objetiva no nos haría sufrir, pues sabemos que no hay mala conciencia sin adherencia; con estupor, nos contemplamos desfigurados y no queremos reconocer ese rostro gesticulante que, sin embargo, es el nuestro. El error de la falta está, pues, en que es a la vez algo de nosotros y algo ajeno a nosotros. La acción, en efecto, no se emancipa nunca tan completamente como la obra de arte. La obra de arte se desprende tranqui-

---

[79] *Las euménides*, versos 304-305.
[80] *Traité du désespoir*, traducido (al francés) por Ferlov y J. Gateau (París, s.f.), *passim*.
[81] Schelling, *Werke*, t. XII, p. 343.

lamente del genio que la ha concebido y ocupa su lugar en los museos como la indestructible posteridad del espíritu; pero no hay museo para las malas acciones; la falta más desmesurada sigue siendo criatura mía, no puedo desconocerla. Pase aun para las buenas acciones, pues las buenas acciones son un poco artistas; van a inscribirse en el medio social en forma de limosna, de buenas obras y de fundaciones de beneficencia; depositan en cierto modo en el espacio un monumento de su fecundidad. Estas criaturas de una imaginación caritativa y tan ingeniosa como puede serlo el pensamiento de un artista, tienen algo tranquilizador y que nos inmuniza contra los retornos dolorosos de la conciencia. Pero las malas acciones son temiblemente estériles; no conocen esos arcos de triunfo que la filantropía levanta a la faz del cielo, esas obras reales, únicas capaces de drenar la acción al exterior, de apartar el sufrimiento; nuestros pecados prosperan, en cierto modo en el lugar, como parásitos, sin romper nunca con la voluntad materna. Y así, para comprender bien la ambigüedad del dolor moral, habría que colocarse a cierta distancia intermedia entre el sujeto y el mundo, en el momento en que el acto consumado, que nunca acabará de madurar, ya se opone al yo como su criatura ingobernable.

De todas las cosas que me pertenecen, ninguna me pertenece más esencialmente que mi mala acción. Creemos encontrar un "autor" y encontramos un "culpable". El autor es una vez causa de su obra, en el momento de hacerla, luego la causa se retira y desaparece detrás de su progenitura; hay paternidad, pero no propiamente dicho responsabilidad. El culpable, al contrario, nunca queda libre: aquí, el agente sigue a la accción en todos sus recovecos como su sombra, pues es el mismo que es forma y materia; mi voluntad es verdaderamente la causa inmanente y permanente de los actos, su conciencia y su pulsación interior: la obra lleva, imborrable, la huella de la persona que la ha querido. Esta simple oposición mide para todos nosotros el intervalo entre el Pecado y el Error. Los griegos, aparte de la injusticia, ἀδικία, que es el perjuicio causado, casi no han conocido más que ἁμάρτημα, es decir el error, falta accidental y partitiva, regional y localizada: no es pecado que el culpable comete con el alma entera, ξὺν ὅλῃ τῇ ψυχῇ, sino un pecadillo o un lapsus que el aturdido comete con el extremo del entendimiento. Sócrates no es el único que piensa que el vicio reside en una ignorancia, que si los malvados supieran no harían el mal: el helenismo en general no conoció el pecado, que una perversión íntima y profunda del querer; [82] le falta lo que Kierkegaard llama el

[82] Émile Bréhier, *Les Idées philosophiques et religieuses de Philon d'Alexandrie* (París, 1908), pp. 296, 299. Cf. Joseph de Maistre, *Soirées de Saint-Pétersbourg,*

sentido del "desafío"; fracaso, error, nocividad son, sobre todo, privaciones y se les atiende tan fácilmente como a una enfermedad contraída. El pecado, por lo contrario, pone en juicio el yo en el yo, lo que hay más central en nosotros mismos. Así, *El concepto de la angustia* concluye: el pecado no es un objeto que pueda explicarse por el pensamiento, sino que crea una mancha que va a realizarse por el querer. El pecado no es tan *problemático* cuanto *trágico*. Nadie es responsable de su belleza, de su inteligencia o de su fuerza, pero sí somos responsables de nuestra bondad; es decir que si los defectos del espíritu pasan, en rigor, por una simple mala fortuna cuyas consecuencias pueden reparar los dioses, en cambio los defectos del corazón nos pertenecen esencialmente y servirán para caracterizarnos: en una palabra dura, en el placer de humillar, en un gesto cruel y sin valor hay algo de deshonroso en que estoy entera y directa y apasionadamente comprometido. Imposible desolidarizarse esta vez del hecho consumado; es posible equivocarse por azar, pero nadie engaña a su hermano sin una intención pérfida; mi infidelidad y maldad me pertenecen eternamente. La mala acción, tan adhesiva como la voluptuosidad, sería, pues, tan objetiva como la obra de arte. ¿Cómo asombrarse de que suframos tanto por un objeto que es nuestra obra o, para decirlo todo, la criatura de nuestra libertad?

Son a la vez la imposibilidad de revocar la quodidad del destino del haber hecho y la imposibilidad de resignarse a un destino de mi fabricación las que explican el desgarramiento del remordimiento: pues entre lo que depende de mí (τὸ ἐπ'ἐμοί) y un destino que nunca dependió de mí, está el destino depuesto en todo momento por mi libertad y que se ha convertido en cosa pasada; ¡pues la libertad fabrica y secreta destino! ¡Pues el acto libre *hace destino*! Este destino no es inmemorial pero, de origen libre, se ha convertido en destino al participio pasado pasivo, en tanto que hecho consumado. "Libertad" es una gran palabra, dice Jules Lequier. La Libertad, lo Irreparable: tales son, en efecto, los dos polos del remordimiento. Ya explicamos cómo la mala conciencia supone a la vez la trascendencia y la inmanencia de su objeto. Y he aquí lo que ahora descubrimos: tener remordimientos es, después de todo, no poder deshacer el hecho de haber hecho, no poder hacer que no hemos hecho; pero también es haber podido hacer o no hacer. Para atormentarnos es necesario sin duda que la mala acción nos supere, pero también es necesario que continúe interesándonos, desempeñando un papel en nuestra vida; nos inspira una

---

7ª velada, Kierkegaard, *op. cit.*, pp. 109, 120, 138, 145, 147, 152, 157, 161, 183. *Cf.* Epicteto, *Manual*, 42; *Conversaciones* I, 18. Marco Aurelio II, 1.

especie de simpatía dolorosa, pues, aunque nos dé vergüenza, es algo de nuestra carne. No es remordimiento, dice Monaigne,[83] el displacer de no ser ángel ni Catón; las cosas imposibles me inspiran nostalgias, pero no escrúpulos. Las mordeduras del escrúpulo sólo se hacen sentir cuando ha dependido de mí hacer el bien o el mal, cuando he dejado pasar una ocasión de embellecerme en el interior: καλῷ γενέσθαι τἄνδοθεν. Ese es el gran dolor desesperado, el más amargo, el más incurable de todos. Es este el que impide a Macbeth orar, tomar el pan, dormir, decir amén. Lo podíamos todo, y hemos envilecido todo: ¿cómo sería jamás perdonada esta locura de nuestra voluntad? ¿Cuándo reaprenderemos a decir Amén?

---

[83] *Essais*, III, 2. Del arrepentimiento. Max Scheler llama a esta propiedad de la mala conciencia "das Andersgekonnthaben" (*Vom Ewigen im Menschen*, I, 1, p. 26. *Cf.* pp. 33-34).

III. LA CONCIENCIA PACIFICADA

¿En qué filtro, en qué vino, en qué tisana ahogaremos a ese viejo enemigo?

BAUDELAIRE, Lo *irreparable*

LA MALA conciencia nos ha aparecido como una tristeza inconsolable. Pero al punto adivinamos que si la mala conciencia pudiera curar, escogería entre dos itinerarios opuestos. La mala conciencia, decíamos, sufre de una falta que no se decide ni a escapar por completo ni a pertenecerle sin reservas. Una de dos: o bien irá hasta el extremo de la objetividad, o bien logrará deshacer su obra; destruirá la desdicha de la irreversibilidad, sea volviendo al pasado, sea olvidando ese pasado lo más posible, al hacer que el dolor se cure a sí mismo por una cura homeopática. Llamemos Penitencia al conjunto de los remedios "alópatas", es decir la medicación espiritual que tiene por objeto anular por su opuesto los efectos de la objetivación y realizar en sentido inverso el trayecto recorrido por la conciencia desdichada. Pero tal vez valga más ir hasta la extremidad de la desdicha, dejarla en cierto modo madurar para que se vuelva inofensiva; la objetividad, que es peligrosa en dosis intermedias, mientras es ambigua, pierde en malignidad cuando se declara francamente, pues el exceso se neutraliza a sí mismo. Lo mejor hubiese sido, evidentemente, quedarse en la conciencia del placer puro; mas, puesto que no podemos ya coincidir con nosotros mismos, ¡lo mismo da alcanzar inmediatamente el colmo de la objetividad! La sabiduría nos propondrá, pues, para hacer las veces de penitencia, soluciones del olvido que se asemejan mucho a las del arte o del conocimiento especulativo. He aquí, pues, lo que quisiéramos saber: entre el olvido que es inmoral y la reparación que es imposible, entre esas dos soluciones inversas y que volatilizan ambas el problema, en lugar de resolverlo, ¿no existiría una tercera que se le enfrente cuerpo a cuerpo en lugar de escamotearlo? ¿Es eficaz la mala conciencia? ¿Es virtuosa la mala conciencia?

1. SI LA MALA CONCIENCIA ES EFICAZ

Con la desesperación del remordimiento hemos creído descubrir cierta ley de irreversibilidad que gobierna todo nuestro destino. Sin embargo, no se trata de una irreversibilidad brutal e inhumana que nos bloqueara de una vez por todas el paraíso perdido del pasado. Lo que es irreparable no es el pasado como tal, es el *statu quo*. El pasado del recuerdo no es esta experiencia *misma* que fue nuestro presente, sino algo de esta experiencia; reconocemos en ello cierto género de restauración: si no un doble, al menos una imagen semejante. Se dirá que la memoria no sólo es recuerdo sino conservación, y que, a su vez, amenaza con atiborrarnos de presencias definitivas, tradiciones, prejuicios o remordimientos; en ese caso, el olvido remedia la plenitud de la memoria así como la memoria repara los vacíos del olvido; todo se embota por el hábito, todo se corrige, evoluciona, regenera, y el devenir no es verdaderamente, en este aspecto, más que lo provisorio continuado.

Por todo esto, la irreversibilidad misma del devenir no tendría ningún sentido si no contásemos con una memoria fiel y capaz de confrontar con las realidades perdidas las imágenes que ha conservado piadosamente, memoria que pueda medir la fuga general del tiempo y sufrir el ser así desgarrada entre lo estable y no inestable; en la memoria se encuentran ya todas las condiciones de una mala conciencia, la ambigüedad amarga de una supervivencia que la duración ha separado de su cuerpo. Si no hay más que el movimiento, hay más movimiento. La memoria aporta el indispensable sistema de referencia que nos permite apreciar la irreversibilidad.

No hay, pues, una irreversibilidad desnuda; tal es una superstición lógica, que la vida del espíritu desmiente. La moral ignora esos posibles descarnados que, al realizarse, se vuelven para siempre "hechos consumados"; las posibilidades morales, por lo contrario, nunca han terminado de actualizarse; aquí, el acto terminado puede ser siempre enjuiciado, pues hace falta un tiempo infinito a lo posible para desarrollar todas sus potencias. La operación médica, cicatrizante del devenir, se inscribe en falso contra el atomismo del pecado. Decíamos, es verdad: el desgaste por envejecimiento no es un consuelo... Y sin embargo el hombre de duración se niega a identificarse con su falta, a encontrarse por completo en su pecado-minuto, mentira o traición. La conciencia desesperada, protestando contra su propia desesperación, protesta a la vez contra la escisión caricaturesca del Ser y del Acto y contra la eternización irrisoria del instante; no quiere ni que un acto sea despegado de su *Esse*, ni que un momento sea proclamado sempiterno. En las técnicas materiales, lo que está hecho ya no tiene que hacerse; en moral, lo que está hecho queda por hacer e incansablemente por rehacer. Mientras que las técnicas se aproximan poco a poco a su objetivo, lo real "al roer" lo ideal por trozos,[1] la moral, por lo contrario, no deja de reconstituirse al infinito en la margen siempre renaciente que se establece entre lo ideal y lo real; sólo el deber resistirá a esta disolución que vio Lalande y que amenaza a la vez el conocimiento por absorción del objeto y la actividad por la abolición de las resistencias.

Así el justo, en suma, no está mucho más cerca de la meta que el malvado, mientras la virtud desarrolla al infinito la sensibilidad de nuestra alma a los menores pecadillos. Pero si no hay santidad definitiva, también la falta siempre queda inconclusa; no nos condena a un demérito irremediable, así como la práctica de las virtudes no nos confiere derechos sólidos y absolutamente eternos. ¿Qué interés habría en remplazar la predestinación teológica por una especie de predestinación secundaria, hija de nuestros propios méritos? Cierto, hay algo chocante en la idea de que las faltas puedan expiarse por medio de cierta dosis de mérito; pero ¡cuánto más chocante aún es la convicción de que el demérito se fija, en cierto modo, a la periferia de nuestra alma como una nota de conducta irrevocable y sin apelación! La inmutabilidad lógica del Haber ocurrido y más generalmente el mito de lo irreparable, ¿no irían ligados a una concepción totalmente cuantitativa del deber y del pecado? Aquí abajo, nunca nada es terminado, nada es definitivo, y no se va al infierno por el desfallecimiento de un minuto... ¡es atribuir demasiada importancia al instante! Los moralistas fueron sin duda más justos para la dignidad de la Intención el día en que sustituyeron la Virtud —que es un estado— por el Mérito, que resulta de un esfuerzo; y sin embargo, ¿no disimula el propio mérito una reflexión furtiva de remuneración?[2] ¿No queda indicado este matiz por la forma misma de la palabra, que es un participio pasado? El mérito queda situado, por decirlo así, a medio camino entre la recompensa de las obras y el movimiento del corazón: imaginemos el salario indefinidamente diferido (hasta el otro mundo, si nos conviene); prescindamos así de la mercenaridad inmediata de las obras, y obtendremos algo que, sin acercarse nunca a la humildad, se parecerá a veces al desinterés de la caridad; el mérito es la intención considerada en los derechos que podría hacer valer, si quisiera, en los títulos que tal vez abandone, pero que los moralistas toman en cuenta; el mérito es la deuda totalmente moral y que renuncia al pago en efectivo; el mérito representa, pues, cierta potencia o propiedad virtual que no se usa, pero que nos crea obligaciones hacia los justos. Por mi

[1] Henri Bergson, *Les deux sources de la morale et de la religion*, pp. 70-72, 78-79, 231. Cf. Max Scheler, *Reue und Wiedergeburt*, pp. 14 ss.

[2] Georg Simmel, *Einleitung in die Moralwissenschaft*, t. I.

conducta, puedo hacer tan manifiestas la injusticia y la dureza del destino que yo sería para Dios una especie de vivo reproche. Y así, lo que más me importa no es el mérito, extracto y resultado inmediato del dinamismo moral, pero de todos modos resultado; es la actividad meritante, es el libre esfuerzo de invención que inquieta a los justos y hace confiados a los pecadores. El mérito no es más que un producto o un depósito de la intención; pero el movimiento del corazón es la fuente de toda la inquietud y de toda la esperanza de los hombres.

Así pues, nada es imposible a una buena voluntad: cambios sorprendentes, rehabilitaciones milagrosas: ¿qué no nos reservará? La fidelidad por sí sola es una cosa bella; pero hay una virtud que tal vez sea aún más rara: el consentimiento de evolucionar, el valor de desdecirse; por fin, esta especie de humildad que tanto necesitan los renegados sinceros para contrarrestar en ellos el arrastre de las decisiones irrevocables. Mejor aún: la fidelidad profunda consiste, no en una coherencia imperturbable sino, por lo contrario, en esas herejías y apostasías de un alma valerosa que no teme renegar de sí misma y dar el cambiazo. Hermann Cohen habla en alguna parte de una fidelidad que es evolución y diversidad.[3] Si la fidelidad *gramática* sigue aferrada a la letra, así sufra por ello la sinceridad, la fidelidad *neumática* prefiere, así fuese al precio de una retractación, perpetuar el espíritu constituyente que planteó el primer acto de la fidelidad tética. Aquélla se vuelve infiel a fuerza de fidelidad, ésta no teme ser infiel por amor a la fidelidad. Abjurar no siempre es perjurar. Las virtudes jurídicas, el *sibi constare*, la supersitición de los contratos se remiten a la continuación y a la conservación de la intermediaridad; esas virtudes, más respetuosas de la letra que del espíritu, carecen a veces de heroísmo y de generosidad. "Porvenir, me gustaría que fueras infiel", grita André Gide, no sin un poco de desafío y de literatura. En la raíz de las "verdaderas conversiones" encontramos la inquietud de un espíritu que ha conservado el poder de desmentirse y, por consiguiente, de renovarse.

La posibilidad de la curación reposa sobre una inversión paradójica. La irreversibilidad, decíamos, no es incurable puesto que la irreversibilidad se atenúa, por doquier, gracias a la memoria. Pero esta combinación de irreversibilidad y de pertenencia es, justamente, lo que llamábamos dolor. Por tanto, habría que decir que la curación tiene por origen aquello mismo que es la esencia de nuestro dolor; puedo curar puesto que puedo sufrir. Si no hay más que movimiento, no hay ya más movimiento, y, por lo mismo, ya no hay más dolor si no hay más que dolor: allí donde las mutilaciones son absolutamente

[3] *Ethik des reinen Willens.*

irremediables y sin ninguna persistencia de la forma orgánica, como en el caso de la materia, la desesperación se convierte en indiferencia eterna. Por tanto, el dolor del remordimiento no carece de cierta esperanza de regeneración. Lo que es doloroso no es renunciar para siempre, sino esperar; ¿cómo tendré paciencia hasta la lejana restauración de mi pasado? ¿Nos bastará la esperanza de una totalización completa? Y así la misma contradicción que, no resuelta, produce la mala conciencia, nos devuelve la calma y la paz, al cicatrizar poco a poco y hacer que mi pasado, en lugar de continuar en *tête-à-tête* con mi presente, se deje absorber y digerir por él. El dolor de la ambigüedad no va, pues, sin una esperanza de regeneración. Pero esto no es decir bastante: el propio dolor, como las lágrimas del arrepentimiento, es un síntoma de nuestra curación; por estéril que parezca, el dolor restaura, libera, edifica. Se puede distinguir en él un aspecto exotérico y un aspecto esotérico; visto desde fuera, en sus efectos visibles, el dolor parece, a primera vista, una perturbación, un desorden del cuerpo y del alma, un fenómeno de déficit; pero también hay en el dolor algo fecundo, y por decirlo así, esotérico, que la biología contemporánea ha sacado a plena luz. No sólo el dolor no es una menor vitalidad,[4] un enrarecimiento de conciencia: no representa a menudo más que el esfuerzo de un organismo por transformarse o restablecerse en su forma; por relación al pasado, el dolor es ciertamente un mal, puesto que perturba el orden de la salud. Considerado, por lo contrario, en la óptica del futuro, aparece como un preludio y ya no como un efecto; manifiesta la resistencia de un organismo que se defiende y rechaza las mutilaciones definitivas, y no quiere volver a ser materia. En el dolor ocurre como en esas defensas fisiológicas de las que puede decirse, a capricho, según el punto de vista en que nos coloquemos, que son destructoras o protectoras; por ejemplo, todo lo que hay de positivo en ciertas inflamaciones del organismo consiste, en realidad, en un conjunto de defensas contra la agresión microbiana; la fagocitosis es, por decirlo así, el lado esotérico de la infección, lo positivo del negativo, el ser del no ser.[5] Pero ¿no encontraríamos en el fenómeno de la fiebre una similar ambigüedad total? La fiebre, que procede de un desorden nervioso, ¿no es, por otra parte, una regulación, un efecto más o menos eficaz del organismo intoxicado para adaptarse a condiciones nuevas y restablecer bien o mal su equilibrio? Los ignorantes se imaginan que nos ruborizamos porque sentimos calor; pero a partir del descubrimiento de los nervios

[4] Hughlings Jackson y despúes Mourgue y Monakov han mostrado claramente el carácter positivo de la morbidez. Opiniones análogas se encuentran ya en Schelling y Baader.

[5] Novalis (ed. Minor, II, p. 279) considera la enfermedad como medio de síntesis.

vaso-motores sabemos, por el contrario, que la sangre afluye a la superficie para enfriarse, y tal es justamente el papel de la vaso-dilatación; he aquí, pues, un fenómeno, que se puede llamar perturbación o enfermedad si lo tratamos como efecto, pero que revela su naturaleza medicamentosa en cuanto miramos al futuro; y asimismo mostraríamos que la transpiración, el temblor,[6] etc., son menos síntomas del mal que medios de eludirlo. Así el dolor, aunque provenga de una impotencia, todavía representa un triunfo relativo de la vida; es buena señal poder sufrir, y hay que tener confianza en un alma que es capaz de remordimiento y de vergüenza. La vergüenza lucha contra la falta como la fiebre contra la infección; pero así como la fiebre prueba la vitalidad de un organismo que resiste desesperadamente al peligro de muerte, así la vergüenza es testimonio de nuestro pudor o, como suele decirse, de nuestra conciencia; no nos ruborizaríamos si no tuviésemos mala conciencia, pero no tendríamos mala conciencia si no hubiésemos guardado el sentimiento de nuestra dignidad y esta especie de orgullo delicado y secreto que ennoblece a tantas conciencias caídas. La mayor desesperación, dice Kierkegaard, consiste en no estar desesperado; y asimismo se podría decir: el pecado más profundo y el más incurable no es ya *saber sufrir*, sino haber roto el último hilo que en nuestra miseria nos unía a la vida; las conciencias que han perdido ese talento precioso son conciencias pantanosas, cínicas y ya casi muertas; ni siquiera pueden tener fiebre; no saben ya desesperar fructuosamente, hasta el extremo, sin ocultar nada; han perdido hasta el instinto de conservación y se dejan intoxicar sin reaccionar; en su endurecimiento desvergonzado han olvidado hasta el poder de las lágrimas, ¡renuncian a su última oportunidad de salvación![7] Es, por tanto, una visión superfical el considerar a la vergüenza únicamente bajo su aspecto exotérico y negativo, como la perturbación de una conciencia culpable; el "silencio sagrado de la vergüenza"[8] tiene un sentido oculto, la vergüenza ya es redentora, prueba un alma fundamentalmente recta y que aún vale más que sus propias acciones.

El dolor —recurso o purgatorio— es verdaderamente el único bien que quedó en el fondo de la caja de Pandora. Apenas instalado, el dolor ya está convaleciente; como el paganismo según Schelling, es al mismo

[6] Max Scheler, *Reue und Wiedergeburt*, p. 7. *Cf. Le Sens de la souffrance*, p. 60, sobre el sacrificio.

[7] Es la cuarta clase de conciencia según San Bernardo, que distingue: la buena tranquila (paraíso), la buena perturbada (purgatorio), la mala perturbada (infierno) la mala apacible (desesperación). *Cf.* Bourdaloue, Sermón para el Tercer Domingo de Adviento: *Sur la fausse conscience.*

[8] Kierkegaard, *La Pureté du coeur*, trad. Tisseau, p. 87.

tiempo caída y progreso, enfermedad y cura. Sobre todo, el dolor vale aún más que el pecado; obliga al mal a revelarse francamente, a declarar su presencia, hace salir a la superficie, por una especie de catálisis, la maldad que se disimula en nuestros corazones; por último, aísla y localiza nuestra malevolencia antes de expulsarla para siempre jamás. Bienvenida, benévola, benefactora, pone fin al detestable régimen de la salud imaginaria; hace estallar el escándalo que se incuba bajo las apariencias de la analgesia. Francisco de Sales habla de una primera purga que une los "humores peccantes" de la conciencia y los rechaza por contrición.[9] La mala conciencia desempeña el papel del fuego, para mejor combatir el incendio; gracias al vejigatorio del remordimiento, todo lo que hay impuro y vil en nuestra naturaleza se reúne en torno de una acción precisa en lugar de circular en nosotros en estado difuso. El remordimiento es concentración, circunscribe al mismo tiempo que exalta, precipita por una especie de "crisis" el veneno insidioso que se oculta en nuestra alma. El absceso de fijación del remordimiento nos inmuniza contra la septicemia moral. Así el dolor es de naturaleza dialéctica; hay que ofrecerse valerosamente a esta dialéctica como a una cirugía bienhechora que separará en nosotros lo justo de lo injusto; hay que hacer penitencia. Por ello dice Platón en el *Gorgias*: el pecador que no quiere expiar se asemeja al enfermo que "al sufrir mil males muy graves, lograría no expiar entre las manos del médico los pecados de su cuerpo, temiendo como un niño la aplicación del hierro y del fuego porque eso duele";[10] la gran cosa, añade Sócrates, es sacar la falta a plena luz, μὴ ἀποκρύπτεσθαι ἀλλ'ἐς τὸ φανερὸν ἄγειν τὸ ἀδίκημα, de suerte que se vuelve evidente (καταδήλον):[11] el hombre menos gravemente enfermo es, pues, el que sabe dar cuentas, siempre dispuesto a acusarse a sí mismo y a profesar en alto su pecado. Pero la mayoría de los hombres temen al hierro y al fuego de la mala conciencia, porque confunden dolor con pecado, y es que según la magnífica palabra de Schelling,[12] identifican el principio que manifiesta el mal con el mal mismo y, en su insensatez, maldicen al médico que los curará; no saben que el dolor tiene un aspecto esotérico. Si el placer no es la dicha, el sufrimiento, a su vez, no es la desdicha, sino antes bien la cauterización y la cura violenta de la desdicha. El ascetismo y el dolorismo se equivocan sin duda al considerar el dolor como

[9] *Introduction à la vie dévote*, I, 6.
[10] 479 a: ... μὴ διδόναι δίκην τῶν περὶ τὸ σῶμα ἁμαρτημάτων τοῖς ἰατροῖς μηδὲ ἰατρεύεσθαι, φοβούμενος ὡσπερανεὶ παῖς τὸ κάεσθαι καὶ τὸ τέμνεσθαι ὅτι ἀλγεινόν. 480 c: ... παρέχειν μύσαντα καὶ ἀνδρείως ὥσπερ τέμνειν καί κάειν ἰατρῷ...
[11] 480 c, d.
[12] *Philosophie de la Révélation*, 34ª Lección (XIV, p. 261).

un fin en sí mismo, pero los espirituales subrayan, con razón, la función restauradora. Reconocer en el dolor el purgatorio saludable y la benefactora antítesis y el momento de una mediación no es, como los masoquistas, encontrar placer en el dolor. No, no nos hace ningún servicio el que, como dice Kierkegaard,[13] nos dora la píldora para endulzar la muy saludable amargura. Más vale sufrir que llevar inconscientemente una enfermedad moral; antes expiar que guardar en sí, sin saberlo, un gran pecado sin arrepentimiento, que nos asfixiará. Por tanto, es cierto que los que se engañan no son los que sufren sino antes bien los que escapan, en su deseo de impunidad, de ese principio agudo y desconfiado: los locos, los "espíritus ilustrados", los impenitentes, todos los enfermos más inveterados y más ciegos, todos los que viven con frivolidad, todos los que, como dice Lutero, tienen "la piel de los osos y el cuero como el de un jabalí". Una conciencia seria y atiborrada de remordimientos no sucumbirá a la gangrena de las faltas acumuladas; en el infierno del dolor, se prepara para una nueva juventud, renace pura y virginal de las cenizas de la vieja conciencia.

Y miremos hasta dónde puede llegar la ironía de esta dialéctica.[14] El dolor es un mal que es un bien, una convalecencia del alma: el mal sirve, pues, de remedio a otro mal. Pero lo que hay que comprender es que el mal del remordimiento nace inmediatamente del mal de la falta, por un florecimiento completamente espontáneo. En otros términos, el pecado mismo —es decir, el mal en sí (καθ' αὐτό)— para curarse engendra el dolor de la mala conciencia, es decir, el mal de la desdicha personal (πρὸς ἡμᾶς). El mal malqueriente (pero no doloroso), el mal de maldad engendra el mal doloroso (pero benevolente), es decir el mal de sufrimiento: tal es la primera parte. Después de lo cual el mal doloroso restaura la diátesis a la vez benevolente y saludable de la paz. Pero este doble movimiento se realiza en un relámpago y de un solo golpe. La operación es instantánea. El enfermo vuelve a la vida bajo las apariencias de la muerte y de la destrucción, como en esas metamorfosis en que la histólisis hace invisible la histogénesis que edifica al insecto perfecto; hay en las mudas activas de la mala conciencia una especie de simulación que nos escamotea a veces la finalidad profunda del dolor; el alma, inmóvil y humilde como una crisálida, se absorbe toda ella en el trabajo oscuro de la regeneración. Sobre todo, esta tristeza bienhechora emana del centro mismo de nuestra falta; no es un tratamiento que nos fuese administrado desde fuera

---

[13] *La Pureté du coeur*, p. 114.
[14] *Véase* Louis Lavelle, *Remarques sur le mal et la souffrance*, pp. 63-64.

con el fin de contra-golpear la enfermedad; por lo contrario, aquí el remedio prolonga natural y orgánicamente la falta como una medicación intra-vital; el mal es, para él mismo, su propio médico. Así el remordimiento germina espontáneamente desde el fondo de nuestros pecados; y, recíprocamente, nuestro pecado exhala el remordimiento en virtud de una potencia curativa que le es propia. Esta inversión no pasó inadvertida a un moralista que fue, con menos profundidad que Fénelon, uno de los maestros de la vida interior en el siglo xvii: el padre Bourdaloue.[15] Hay en toda la operación del remordimiento una especie de economía admirablemente ingeniosa: Dios, dice el sutil predicador, no se sirve para justificarnos de lo mismo que nos hizo culpables, exprime la vida de la muerte, convierte el mal en bien, utiliza nuestro propio pecado para convertirnos. La eficacia de la mala conciencia tiene esto de singular: que no supone ningún elemento intrínseco; la gracia inicial; la gracia de arrepentirse exhala únicamente de la mala acción; es el pecado mismo el que engendra el remordimiento del pecado que, pese a su nada, se vuelve milagrosamente fértil. ¿No es el remordimiento mismo la falta en persona? Pero por otra parte, esta falta que sobrevive, por su única presencia, radia en nosotros el remordimiento y el dolor justificante. Estéril es el dolor del remordimiento, ¡y sin embargo, tener remordimientos es una virtud! El veneno encierra, pues, su propio antídoto; "La maldad, dice Montaigne,[16] fabrica tormentos contra sí misma"; y en otra parte: [17] "la malicia humea la mayor parte de su veneno y se envenena con ella". Montaigne pensaba ante todo en la acción negativa del remordimiento, que es la destrucción del pecado; pero lo propio del remordimiento es justamente que lo negativo no va sin positivo: al mismo tiempo que reprime, el remordimiento santifica; sus castigos son purificaciones; el pecado, al perder su virulencia, se transforma en su opuesto, y un hombre nuevo sucede al viejo Adán difunto. La voluntad, bien lo sabemos, se vuelve contra sí misma al crear obras cuya primera víctima es ella misma: ¿no se podría decir que el mal, como la voluntad, se neutraliza a sí mismo? La "tragedia" de la acción, por un efecto de dialéctica, se torna en ventaja nuestra; entre las consecuencias incalculables de sus decisiones,

---

[15] Edición citada, t. II, p. 258.

[16] *Essais*, II, 5 ("De la conscience"): *Malum consilium, consultori pessimum*. Los pecadores son como las avispas: *vitasque in vulnere ponunt*, dice Virgilio. Cf. Kierkegaard, *Entweder oder*, p. 17.

[17] *Essais*, III, 2 ("Du repentir"). Los comentadores citan, a este propósito, un fragmento de Séneca (*Ep.*, 81): *malitia ipsa maximam partem veneni sui bibit*. Cf. Lucrecio, V, 1152-1153: *Circumretit enim vis atque injuria quemque / Atque, unde exortast, ad eum plerumque revertit*. Véase Novalis, ed. Minor, II, 281.

el culpable no sabía que figuraría el dolor, el dolor bienhechor, y que tendría que curarse a su pesar...

El pecado fertilizado trabaja dolorosamente en nuestra alma: es esta fermentación la que se llama la mala conciencia; la mala conciencia es, pues, una conciencia fecunda, puesto que cierra nuestras úlceras, puesto que hace madurar el absceso en que se acumula todo el veneno de nuestra falta. La muda del mal perverso en mal doliente o desdicha, la muda de la desdicha en dicha en un alma justificada: estas dos mudas no son más que una sola muda: nos quedan por describir las etapas sucesivas de esta curación, las tres fases de ese regreso a la vida. Distingamos aquí el Remordimiento, el Arrepentimiento y la Penitencia.

Para empezar, nuestra vida espiritual no es tan irreversible como para que el demérito pueda eternizarse; el dolor es muy eficaz y la inflamación de nuestra conciencia se reducirá. Esto es verdad; pero por otra parte, sigue siendo absolutamente cierto, también, que el pecado no se rescata: ¿no implica la reversibilidad burda de nuestras faltas una fe en una acumulación definitiva y sustancial del mérito? Por mucho que la mala conciencia disuelva el pecado, jamás nos restituye la inocencia perdida: Dionisos, diría Schelling, se resiente siempre de la dominación de Cronos: por tanto, es necesario que nuestra enfermedad cure, pero no por rescate, salario, intercambio y compensaciones mágicas; ¿de dónde nacerían las buenas obras reparadoras si no nos hubiésemos convertido previamente? ¿Y qué hace eficaz la redención, si no la Conversión misma que ya esboza? Hay que comenzar por el principio; y ese comienzo de todo, lo único suficiente y sin lo cual nada empieza es la conversión. En definitiva, siempre somos llevados a esta conversión previniente, a esta μεταστροφή sin la cual nada es posible.[18] No hay al principio más que el pecador con su pecado. Para que en esta noche oscura pueda brotar la primera esperanza, es menester una transfiguración absolutamente contingente de la voluntad: una "gracia". Esta gracia es el dolor puro del remordimiento. El dolor se declara graciosa, gratuitamente, como la primera caución de nuestro renacimiento; el dolor es causa sui: al mismo tiempo que se crea a sí mismo, hiere mortalmente la falta, de la nada de la que ha surgido. Esta metamorfosis súbita del fracaso en victoria y de lo negativo en positivo es el milagro por excelencia, pues es lo contrario de una deducción y lo contrario de un proceso escalar o graduado. Todo será ganado, a condición de que todo se haya perdido, dice poco más o menos Féne-

---

[18] Cf. Léon Brunschvicg, Le Progrès de la conscience dans la philosophie occidentale, p. 349, a propósito del "Übergang" kantiano en La Religion dans les limites de la simple raison.

lon,[19] el teórico del puro amor despojante, el maximalista del extremo
de despojamiento y del desinterés absoluto... Casi son las mismas
palabras de Pelléas [20] en otra noche oscura, la de la situación sin salida
y de la tragedia, después que el destino ha cerrado tras los amantes
las puertas de la esperanza: "¡Todo se ha perdido, todo se ha salvado
esta tarde!" Pero son el vértigo de la catástrofe y la insoluble media
noche de la desesperación, algunos instantes antes de la estocada fatal,
los que arrancan ese grito a un Pelléas ebrio de aniquilación. En la
angustia del remordimiento, por lo contrario, como en la abyección
íntima de la humildad, se realiza el milagroso viraje de extremo a extremo: en este punto al menos, Pascal y Kierkegaard [21] estarían de
acuerdo con Fénelon; las tinieblas del Calvario son más caritativas que
las dulzuras del Tabor. En efecto, perderlo todo es ganarlo todo, y
el desesperado renacerá de sus tinieblas, pues es en el abismo más
profundo donde germina la esperanza más viva, es sobre el trampolín
de la mayor desesperación donde la conciencia arrepentida rebota más
alto y con impulso más poderoso. Sólo una gracia sobrenatural puede
estar en la escala del mal que nos desespera. Así como lo invencible
no puede ser vencido físicamente, así lo incurable no puede ser curado
empíricamente. El nacimiento del primer dolor es, por tanto, absolutamente inmerecido, y tan sobrenatural como el nacimiento de la
primera inspiración en una conciencia de artista: para realizar la obra
ya concebida, basta a veces abandonarse al automatismo de las técnicas, de utilizar hasta el extremo el movimiento adquirido en la aplicación de las fórmulas; pero si prolongan y continúan, en virtud de
esta fecundidad inerte que le es propia, el movimiento del espíritu y
las técnicas no deciden la dirección a seguir; se puede hablar durante
un tiempo sin pensar en nada, y decir cosas bastante razonables deján-
dose llevar por las palabras, pero no se podrá llegar muy lejos de este
modo; la imaginación musical, una vez puesta en marcha, puede rodar
por sí sola durante algún tiempo gracias a las fórmulas escolares, a los
estereotipos y a las asociaciones ya hechas, pero es una intuición que
la lanza o que la frena, que le ofrece temas, que le obliga a desviarse
o a dar marcha atrás; la modulación, por ejemplo, sigue dócilmente al
automatismo de las reglas, y sin embargo la decisión de modular, y de
modular en tal momento y no en otro, esta decisión siempre es arbitraria y superior a la elocuencia arrebatadora de los clisés. La primera
dificultad de una alma culpable es justamente esta "decisión de mo-

[19] *Instructions et avis sur divers points de la morale et de la perfection chrétienne,*
26 (t. VI, p. 129).
[20] *Pelléas et Mélisande,* acto IV, esc. 4.
[21] Sobre el papel de la adversidad: *La Pureté du coeur,* pp. 129, 139, 151, 214.

dular". En nuestra vergüenza naciente se podría leer, como en un "esquema dinámico" todo nuestro porvenir espiritual y el destino mismo de nuestra conciencia; esta primera vergüenza abre, a través de nuestros pecados, la brecha invisible por la que se lanzan las buenas obras, para precipitar su derrota. ¿Cómo nace la primera vergüenza moral? ¿Es inducida en nosotros milagrosamente por el pecado mismo? ¿Es la vergüenza la que, para empezar, ha vencido al pecado? ¿O el pecado ya vencido (pero ¿cuándo, y por qué?) secreta la vergüenza como el producto inmediato de su decadencia? Tales son grandes misterios. Lo mismo daría preguntar por qué el amor a una mujer nace súbitamente en nosotros y por qué el amor se transforma en odio y el odio en amor, y en qué momento modulan nuestras emociones y cómo nacen las iniciativas creadoras de nuestra libertad. En todo caso, hay una aventura por correr, una vocación cuyo llamado no entenderán todos los hombres. Esta vocación es la vocación del primer dolor. Si los hombres tienen tanta confianza en las obras temporales, en las "obras de Marta", es porque se imaginan que el alma nueva se fabrica, como una máquina, pieza tras pieza, a partir de sus elementos; los méritos coleccionados, al conservarse, irían royendo poco a poco el pecado. Se quiere que el penitente aumente así su beneficio moral, y que la mala acción vaya desmenuzándose por pedazos. Pero el remordimiento no sirve para reparar el pecado; él mismo es la primera fisura que, al avanzar, minará nuestra falta; el dolor moral no rescata; atestigua por su sola presencia que el pecado ya es inofensivo. Las obras, que son laboriosas y titubeantes, sólo nos dan una rectitud completamente negativa. Las obras, dice Lutero en su prefacio a la Epístola a los Romanos, son con relación a la fe como el calor es a la luz del fuego: "La fe no pregunta si hay buenas obras por hacer, sino que antes de que se las hayan solicitado, las ha hecho. . ." [22] Y asimismo las obras del arrepentimiento suponen ya acordada esta primera concesión de la que todo depende. La tentación más sutil es la de las buenas obras, pues las buenas obras no son causa sino efecto: efecto de esta distensión original cuyo síntoma es nuestro remordimiento. Llega un momento en que bruscamente el pecado se relaja, desencadenando el complicado proceso de la conversión. Esta crisis resulta a veces de un largo trabajo de incubación; ¿no han madurado a menudo los descubrimientos más asombrosos en el laboratorio invisible y subterráneo del subconsciente? Pero si este trabajo es inconsciente, no hay nada que decir, y no es posible responder a quienes lo consideran un

---

[22] Cit. apud Eugène Ehrhardt, *Le Sens de la révolution religieuse et morale accomplie par Luther* (*Revue de métaphysique et de morale*, 1918, p. 620).

mito destinado a atenuar la brusquedad inquietante del acto creador. Si sólo tomamos en cuenta la experiencia habremos de comprobar esto: el primer dolor se declara para empezar como un golpe de teatro... o como un relámpago, como los relámpagos del genio; el remordimiento se ve instalado, y ¡he aquí el pecado que vuela! *Statim evolat*... Como toda novedad, el dolor llega súbitamente,[23] pues hay en su nacimiento algo de catastrófico y de irracional; la conversión es súbita; sobre este punto sólo hay una opinión entre los místicos.[24] Sabemos cómo al progreso cuantitativo de Hegel, que es continuidad inmanente, Kierkegaard,[25] siguiendo a Schelling, opone la idea del "salto cualitativo", es decir de la *calidad nueva*, única capaz de resolver los sorites megáricos y la Meduda eleática; bajo formas variadas, la discontinuidad "pulsátil" de Renouvier, el "comienzo de Lequier, el *Fìat* de James y la mutación súbita de Bergson honrarán ese misterio de la modulación efectiva, de la metábola y de la metábasis que sigue siendo tan heterogénea a las gradaciones rectilíneas del pensamiento fabricante. Lo súbito es la condición de un arrepentimiento y de una μετάνοια efectiva que realmente sea un paso a otros pensamientos, a otra vida, a un alma nueva. Por ello, si el remordimiento no es proporcional a la falta, la eficacia del remordimiento, a su vez, es inconmensurable con la grandeza del mal. Los teólogos lo dicen con gran claridad: *unus actus sufficit ad omnia delenda*. Y Henri Suso, volviéndose a Dios, dice: "Os es tan fácil remitir a vuestros deudores mil talentos como uno solo, perdonar a un alma mil crímenes o un solo pecado." También Bergson escribirá que el sacrificio supremo no cuesta nada a un santo, que el escalonamiento de lo fácil y lo difícil ya no tiene sentido para un héroe; entonces la desdicha aparece como un simple equívoco, y la solución se vuelve tan fácil como decir "buenos días y buenas tardes". Por su parte, Bourdaloue escribe: ningún pecado es tan grave ni tan enorme que la contrición no lo borre

[23] Lo súbito del instante: tal es el gran problema de Dostoievski (*El idiota*, t. I). *Cf.* Tolstoi, *La Sonata a Kreutzer*, § 27. Léon Chestov, *Les Révélations de la mort, Dostoievski-Tolstoi*, p. 79: "Las transformaciones lentas y graduales son posibles, y hasta se producen muy a menudo, pero no nos llevan hacia una vida nueva, no nos conducen más que de una vida antigua a otra vida antigua. La vida nueva se realiza siempre bruscamente, sin ninguna gradación, sin preparación alguna..." *Cf.* "Qu'est-ce que la vérité, Ontologie et Ethique", en *Revue philosophique*, I, 1927, pp. 66, 73.

[24] Plotino dice a menudo ἐξαίφνης, ἐν ἀκαρεῖ. Por ejemplo V, 3, 17; V, 5, 3 y 17; VI, 7, 34 y 36. Bergson, *Les deux sources de la morale et la religion*, p. 43 (de un solo golpe), 301 (de un solo golpe), 51 y 198 (en bloque), 120 y 197 (globalmente), 240 (súbitamente). *Cf.* pp. 28, 72, 73, 119, 132, 146, 198, 210, 231, 295. *Cf.* el ἀθρόως plotiniano (V, 5, 10).

[25] *Miettes philosophiques, passim*; *Papiers*, IV-V; *Concept d'angoisse*, p. 121.

instantáneamente.[26] Friedrich Schlegel,[27] por último, explica cómo la "Willkür" decide para toda la eternidad, aniquila una masa entera de vida, crea de un solo golpe un mundo nuevo. Y es que la fuerza operante, justificante, redentora de la desesperación no es proporcional al quatum ni al peso de la intención. La disposición intencional no conoce el Más y el Menos,[28] sino solamente el Todo o Nada, el Sí o No, el Pro o Contra: la muda que, para empezar y como por ensalmo nos hace virar del mal al bien y de la muerte a la vida, esta muda no tiene nada en común con los crescendos lineales del geneticismo, como no tiene nada en común con el Cuanto de la psicofísica; la cocción de un alimento se realiza poco a poco y cada vez más al atravesar todos los grados de lo comparativo, pero el pecador que ha conocido el milagro gira enteramente y de una sola vez. El remordimiento, al excluir todo perfeccionamiento, excluye por eso mismo las innominables mixturas de la virtud a medias. Y así como un átomo de vinagre, según Hamlet,[29] basta para depreciar la sustancia más pura, y esto como por efecto de la "mezcla total", asimismo una buena inspiración, por humilde que sea, basta para rescatar el alma más pervertida, pues tanto el momento bueno como el malo operan sin considerar el volumen. El estoicismo, al profesar la igualdad de todas las faltas, formulaba en términos paradójicos esta inconmensurabilidad del *velle-nolle* con gradaciones aritméticas. Lo paradójico, en realidad, se encuentra más bien en las consecuencias sociales absurdas que la irracionalidad de la vida moral nos obliga a sacar: pues la naturaleza cualitativa de la intencionalidad misma es una evidencia tan evidente como la inadecuación de un estado de conciencia, según Bergson, al poco-y-mucho de la psicofísica. Kierkegaard se interroga sobre el pecado que es el secreto de la cosa primera: [30] no el pecado número uno, el que es primero (πρότερον) por su rango ordinal en una serie inmanente, sino el que es el primero de los primeros (πρῶτον), al superlativo, la iniciativa gordiana que es la voluntad de querer y el comienzo del comienzo y que plantea toda la serie por decisión tética. El interés otorgado al instante inicial y liminal en Kierkegaard o Lequier encuentra su análogo en la curiosidad apasionada y casi sádica del príncipe Mishkin por la ultimidad del suspiro terminal y más generalmente del artículo mortal. En realidad, el pecado comienza con la primera complacencia en la tentación: la voluntad es culpable en

---

[26] *Sermon sur l'efficace et la vertu de la pénitence*, ed. cit., II, pp. 485-487.
[27] *Lettre sur la philosophie* (ed. Minor, II, p. 331).
[28] *Cf.* Herman Cohen, *Ethik des reinen Willens*, p. 358. *Cf.* p. 362.
[29] I, 4, versos 36-37.
[30] *Le Concept d'angoisse*, p. 69.

cuanto da entrada a este pensamiento, o solamente al pensamiento más fugitivo de este pensamiento; y mientras que su caída resultaría de una suma acumulativa de pequeños desfallecimientos, aún habría que explicar por qué la inspiración inaugural nace en tal momento antes que en tal otro; aunque la copa se llene gradualmente, gota a gota, no se escamotea la última gota privilegiada que en un momento dado hace desbordar el vaso, pues esta última gota no es una gota como las demás; y hay un sentido en que el momento de la penúltima gota está tan lejos del accidente final como el momento de la primera; entre la primera y la última adviene en efecto el salto cualitativo, que es todo. ¡Crac! En el último minuto sobreviene la crisis decisiva y única suficiente que hace inútil toda la progresión preparatoria, sin la cual esta misma acumulación no desembocaría en la mutación efectiva, pecado, enfermedad o simple explosión de cólera. El punto de sobresaturación [31] es un instante extremo y supremo, un verdadero "akron" en el progreso de la tentación: este instante es el último, ἔσχατον, pero el instante último no es justamente un instante como todos los instantes, así como el último suspiro no es un suspiro como todos los suspiros. ¿Comprendéis lo que eso significa, la *última* vez, la vez después de la cual ya no habrá otra? ¿La vez escarpada, tallada a pico al borde de la nada, como el comienzo, su simétrica, era la vez aquende la cual no había nada aún? Así, generalmente la caída ha comenzado mucho antes de lo que se cree y antes de que se la vea, así como una decisión precede, invisible y tácita, a la deliberación de la que supuestamente resulta... La inocencia, la caridad y la sinceridad son, como la confianza misma, máximos y superlativos purísimos, que la menor reserva o el más imperceptible arrobamiento, bastan para manchar: una pequeña duda, según dicen, ya es una gran duda, y una pequeña desconfianza es una desconfianza grande y mortal, siendo el candor inmaculado de un amor puro, en ese tipo de cosas, más frágil y más lábil e inestable que la certidumbre cartesiana. Pero si una sospecha de interés egoísta, si una sospecha de esa sospecha mancha ya la pureza lilial de nuestro desinterés, un miligramo de esta pureza, a su vez, basta para purificar la intención más turbia. Citemos aquí a Platón: σμικρὸν ἄρα καθαρὸν λευκὸν μεμειγμένου πολλοῦ λευκοῦ λευκότερον ἅμα καὶ κάλλιον καὶ ἀληθέστερον.[32]

Un poco de blanco puro es más blanco, más verdadero y más bello que mucho blanco mezclado; dicho de otro modo: el no-blanco comienza en el gris más ligero que viene a velar el lino inmaculado de la

---

[31] Proust, A *l'ombre des jeunes filles en fleurs*, I.
[32] *Filebo*, 53 b, 58 c-d.

blancura; pues no hay intermedio entre blancura y no blancura. Y Nietzsche, como si hubiese leído el *Filebo*: ocurre que una sola gran certidumbre prevalece sobre toda una carretada de posibilidades, de presunciones y de aproximaciones. ¿Y quién se asombraría de ello? La evidencia simplísima y cátara, *siendo de un orden totalmente distinto* de la conjetura más probable, no resulta de un paso en el límite ni de un refuerzo estadístico (que nunca daría más que una verosimilitud cada vez más verosímil) sino de un cambio radical; y asimismo la gran pureza aséptica de la inocencia no resulta de un amontonamiento de pequeñas variaciones, sino de una sorprendente conversión. Al dogmatismo probabilista que pretende que el deber se cumple por partes y que el altruísmo es una perífrasis del autismo, la remisión instantánea por la desesperación opone sus milagrosas transmutaciones. Esta desigualdad de la acción y de la reacción que hemos reconocido a la vez como la marca del espíritu y como la monstruosidad esencial del remordimiento, esta desigualdad resulta a nuestro favor: significa en adelante la inmensidad del favor. Nos asombramos de que una falta humana pueda merecer el infierno, es decir, una eternidad de penas; que lo finito sea digno de lo infinito; que haya una medida común entre lo relativo y lo absoluto. Pero he aquí algo aún más violento: un momento basta para destruir lo que una larga sucesión de injusticias ha acumulado en nuestra alma; la varita de las hadas, en un santiamén, ha transfigurado nuestra fealdad, borrado la lepra de los viejos pecados, pues en la vida hay minutos que son más importantes, más solemnes y más dichosos que toda la eternidad. Sabemos que no es cuestión de grandeza, y que la alegría es muy caprichosa; la mala conciencia, en un relámpago, ha devuelto su valor y su sentido a una larga vida culpable. De todos modos, para que la transfiguración de nuestra miseria tenga una larga eficacia moral, es menester que el remordimiento haya en realidad *desesperado*, es decir, que no mire de soslayo hacia el levante en la espera de esta alba que tiene conciencia de merecer como una compensación debida a su falsa angustia. La sinceridad plena, la ausencia de todo pensamiento oculto y de toda voluntad oculta interesadas, por último la límpida inocencia son, pues, las condiciones de nuestra resurrección. Una desolación en la que el consuelo ya está incluído de antemano como un cálculo maquiavélico de nuestra filaucia y como una especie de especulación revanchista, esta desolación es un truco y una desesperación para fingir. ¡Ya está consolado de antemano ese hombre afligido! No es de sorprender que encontremos al término de la penitencia lo que clandestinamente habíamos presupuesto desde el comienzo... Esta comedia de desesperación en que no hay más que complacencia y sordidez no tendrá jamás la eficacia taumatúrgica, la distensión elástica; por último, el poder creador de un remordimiento capaz de rebotar, como el sacrificio, de la nada al ser, y de la angustia hiperbólica a la alegría.

Tal es, pues, el *circulus sanus* de las perogrulladas éticas: ¡la malquerencia comienza con la mala voluntad, y la bienquerencia con la buena! El querer comienza por la voluntad de querer, es decir, por ese querer querer [33] que es, simplemente, valor de querer, valor de osar emprender; el querer empieza por sí mismo, lo que equivale a decir: el comienzo comienza por el fin. La desesperación previniente es como ese querer previniente, que no es *prior* sino *primus*: *primus et ultimus!* Así, la mala conciencia no suprime el problema difiriéndolo, sino que lo supone resuelto para en seguida resolverlo: es, por ende, una *solución*; la proposición que se hace no es una hipótesis, como ocurre en el análisis geométrico; adquiere al punto un valor absoluto; es la invención la que hace posible todo lo demás que decide nuestra suerte, que rompe, por último, el círculo encantado de la falta. Pero si todo el porvenir de nuestra conversión se da en este dolor gracioso, sólo se da en potencia. Nada empieza sin el relámpago; y con el solo relámpago nada llega a su fin. El remordimiento no es la absolución: el remordimiento es el perdón instantáneo, gratuito, inmerecido, que hace curables nuestras faltas y que prepara la remisión. A nosotros nos toca ahora no dormir. El remordimiento, decíamos, es decisión de modular; pero de nosotros depende que esta modulación se quede corta o se consuma efectivamente. El pecado, ya distendido, exhala el dolor; pero el dolor, nacido aventureramente, precipitará la descomposición del pecado; hela aquí, haciendo posible toda una ortopedia moral, que detiene definitivamente nuestra enfermedad, que nos abre por fin los ojos. Platón hace decir a Diótima: el hombre, habiendo contemplado una tras otras las cosas bellas, percibirá súbitamente una belleza maravillosa; θεώμενος ἐφεξῆς... τὰ καλά, ἐξαίφνης κατόψεταί τι θαυμαστὸν τὴν φύσιν καλόν. [34] Y nosotros, por lo contrario, invirtiendo el orden de ἐφεξῆς y de ἐξαίφνης, plantearíamos al principio la iluminación súbita que desencadena el proceso restaurador. Para Platón, por muy minuciosa que sea la iniciación, por muy completas que sean la propedéutica y la dialéctica, siguen siendo ineficaces sin el acto final y único decisivo de la revelación que las remata... ¡que las remata y no las recompensa! Pero sin duda sería preferible decir que esta deci-

---

[33] Sobre el *vult velle*, cf. un texto curioso de Leibniz publicado por Gaston Grua en su importante recopilación de *Textes inédits* (París, 1948), I, p. 302.
[34] *El banquete*, 210 e.

sión puede, en realidad, prescindir de toda propedéutica, pues el trabajo de penitencia interviene poco después de la conversión suficiente, para consolidar y prolongar sus efectos, así como la composición de la obra sigue a la inspiración, única esencial que se dio el nacer. Precisemos bien que la "gracia" no llegará a quienes la aguardan pasivamente sobre un diván sin trabajar, aun cuando nunca tendremos derecho sobre ellas como un salario debido a nuestro esfuerzo. En este sentido puede escribir Francisco de Sales: los ángeles no se sirven de sus alas para volar sobre la escala de Jacob, sino que suben "por orden, de escalón en escalón"; la curación se efectúa, bellamente y poco a poco por progreso de avance; y asimismo: "las enfermedades del corazón... vienen a caballo y en postillón, pero regresan a pie y caminando lentamente". Queda el hecho de que el punto de regreso y de culminación a partir del cual la evolución del mal aborda la contrapendiente siempre es una muda instantánea. Sólo la penitencia, que ocupa un espesor discursivo de intervalo, se ve, se describe y se narra; en lugar de que la conversión sobrevenga en el relámpago del instante, el cual es *Quasi-nihil* o *Nihil-instar*... el instante es, por ende, indescriptible e inenarrable. ¿Cómo ese ser-menor o ser mínimo que está inmediatamente en el umbral del no-ser, cómo ese Casi nada inasignable e indesignable no sería indiscernible de la Nada pura y simple? El sofisma es el escamoteo de la mutación discontinua: por tanto, para el sofista es un juego del *Acervus ruens* aniquilar el *Quasi-nihil* y deslizarse de la casi nada (σχεδὸν οὐδέν) a la nada (οὐδέν). Los que escamotean el artículo de la muerte y dicen: la muerte no es nada para nosotros (οὐδέν πρὸς ἡμᾶς!) son los mismos que escamotean el instante de la conversión efectiva: no tienen con qué transcribir ese *Nescioquid* que, si no es *Nihil*, es lo contrario de *Aliquid*, que es *non-res* por excelencia; ejercen dominio sobre una continuación de actos encadenados, articulados según el intervalo, pero la evidencia ambigua, pero la existencia inexistente del *fiat* es, para ellos, un misterio. Puede decirse, en bruto, que si la filosofía de Fénelon fue la de la metamorfosis crítica y de la quodidad instantánea, la filosofía de Bossuet fue, antes bien, la del intervalo arrepentido.

En esta segunda fase del retorno —el Arrepentimiento propiamente dicho— se pueden distinguir dos movimientos inversos. La curación verdadera, bien lo sabemos, no puede consistir ni en la objetividad brutal del olvido ni en la restitución pura y simple del *statu quo*; la síntesis viable y sana es la que habrá experimentado vivamente, antes de resolverlo, el conflicto de la pertenencia y de la irreversibilidad. Así pues, en el arrepentimiento se debe encontrar algo que se asemeje a los momentos subjetivo y objetivo del dolor; pero esos dos momentos que, en la desesperación moral, cohabitaban sin fundirse, van a simpatizar activamente, a poner fin a la tensión quemante que los dividía. El primer momento es el que llamaremos el momento del *Cinismo*: cinismo provisional y que no es más que el respeto del elemento subjetivo, es decir, de nuestra propia libertad. El cinismo consiste así en la aceptación valerosa de la falta, en la franqueza de una conciencia que no teme profesar su responsabilidad. Hay que contemplar bien de frente a nuestro pecado si queremos arrepentirnos; no para que haya ocasión de estar orgullosos de él, sino porque es una cosa totalmente distinta sobreponerse a la falta o volatilizarla; no hay arrepentimiento más que de un extremo a otro: sólo la experiencia de una contrariedad real nos hará fuertes y viriles. Queremos la curación y no consolaciones; las consolaciones calman provisionalmente nuestro dolor; se asemejan a una medicación superficial, que eliminaría los síntomas del mal, pero no el mal mismo. "No arrepentirse sino hacerlo mejor": tal es el consejo que nos da cierto meliorismo burgués que sólo quiere cerrar los ojos ante el pasado. Max Scheler ha denunciado con energía la trivialidad de esta sabiduría jovial. ¡Hacerlo mejor! Pero, ¿de dónde nos vendría la fuerza para hacerlo mejor si, por cobardía, no nos hemos tomado el trabajo de curar? El infierno está empedrado con esas buenas resoluciones superficiales que dejan crecer el pecado y acumularse en nosotros como un alud, que no rompen nunca el arrastre del mal. Curarse no es huir. El pecador que huye se asemeja a las avestruces que, cuando las persiguen, meten la cabeza en la arena para no ver nada.[35] Si no queréis que vuestro mal se haga más profundo, crónico e inexplicable, si deseais de una vez despediros de vuestras faltas, debéis recurrir, como dice Bourdaloue, a esta "piscina saludable" del arrepentimiento, única que tiene algún poder contra las recaídas de la impenitencia. El "cinismo" del arrepentimiento no es, pues, sino una forma de humildad y de veracidad profunda; es lo que nos obliga a atendernos. Pero, ¿cómo evadirse después de ese cara a cara con la falta? El dolor nos lo indica claramente. El dolor es el antídoto del olvido, del optimismo frívolo y de todas las deserciones morales; sufrir es afrontar nuestra falta entera, endosarla definitivamente, encontrarse nariz a nariz con ella; es imposible ahora darse vuelta; hay en la experiencia dolorosa algo personal y, por así decirlo, total, que nos pone directamente en contacto con la realidad; he aquí, como diría Nietzsche la verdadera "mnemotecnia al rojo vivo", dura a las conciencias olvidadizas y somnolientas, pues nos retiene bajo el hierro agudo del pe-

[35] Stoker, *Das Gewissen*, p. 66.

cado, aparta la letargia mortal de las "buenas resoluciones". Pero el dolor no se enfrenta al mal cuerpo a cuerpo sino para amansarlo mejor. *Esto peccator*, y *pecca fortiter*, lo que quiere decir, pecad y sufrid valerosamente, en lugar de tergiversar con el arrepentimiento; entonces ya no estaréis desarmados contra las tentaciones futuras, entonces curaréis enérgicamente.

El arrepentimiento sólo mira hacia atrás, por tanto, para seguir mejor hacia adelante; y el momento del "cinismo" es inseparable de un segundo momento que hará honor sobre todo a la objetividad de la falta. Si la mala conciencia endosa sin vacilación su pasado, no es para dejarse fascinar por los sortilegios del remordimiento, sino al contrario, para tener mayor impulso con vista a buenas obras. Kierkegaard distingue como nosotros entre Arrepentimiento y Expiación: aquél es el duelo de un alma que trata de ver claro en su falta; ésta prefiere ponerse en campaña para reparar una falta ya conocida; vuelta hacia el futuro, se expande en creaciones audaces de todas índoles; si la expiación es la voluntad del arrepentimiento, el arrepentimiento a su vez es como el pensamiento de la expiación, la conciencia o certidumbre que adquiere de sus propias obras.[36] La objetividad creciente del arrepentimiento se revela sobre todo en la *Confesión*, gracias a la cual nuestras faltas se vuelven cada vez más un fenómeno ajeno al sujeto, y como una cosa de la naturaleza: la afirmación del crimen por un yo que al reivindicar su paternidad, separa la obra de su autor; la confesión no libera, es el síntoma de la liberación; expresa que la mala conciencia ha acabado de madurar sus pecados; al "reconocer" la falta, el culpable de esta falta manifestará, en suma, que ya no le pertenece. El poder de confesar, como el poder de llorar, es, por ende, un signo y no una causa. Los pecados ya maduros exigen por sí mismos el alivio de la confesión, que los sacará al exterior: helos allí exteriorizados, casi normalizados por ese psicoanálisis natural del lenguaje. En tanto que el crimen se adhiere aún a su voluntad, Raskolnikov no puede contar con los beneficios de la confianza; y sin embargo, ¡con qué fuerza irresistible, ya el nombre de la víctima avanza hasta sus labios, ávidos de escapar del mutismo asfixiante de los remordimientos! Si pudiera susurrarla, tal vez, su falta adquiriría ya, en esta primera comunicación con el mundo exterior, una apariencia de legalidad...[37] El *mea culpa* significa que hemos escapado de la soledad monstruosa de la mala con-

---

[36] Martin Thust, *Sören Kierkegaard, der Dichter des Religiösen: Grundlagen eines Systems der Subjektivität* (Munich, 1931), pp. 298-300.
[37] *Crimen y castigo*, 2ª parte 6.—Juvenal, XIII, 222: "...cogitque fateri." Lucrecio, V, 1158-1160.

ciencia; sólo se expresan las cosas con las cuales ya no se coincide y que están a buena distancia del yo. Cuando, al final de *El poder de las tinieblas*[38] Nikita cae de rodillas, saludando, hasta quedar en tierra y grita. "Mis hermanos pravoslavos, perdonadme, sólo yo soy culpable, soy el único culpable...", Nikita ya se ha redimido; por tanto, no hay que preguntarse cómo confesar un crimen basta para hacerse absolver de él. En realidad, sólo nos confesamos porque ya somos libres. Pero hay que precisar que la confesión no podría ser ni la profesión cínica ni la confianza locuaz: hacer profesión de pecado, darse golpes de pecho por fanfarronadas no es confesar, sino cometer otro pecado más, un pecado de endurecimiento, de impudicia y de impenitencia; la conciencia desvergonzada, la conciencia que "se ha bebido toda vergüenza", revolcándose en su escándalo inveterado, nunca ha sido mala conciencia, pero por otra parte, abrir sus pecados a todos los amigos y añadir faltas imaginarias a las faltas reales para encontrar en ese chismorreo un alivio físico es más complacencia que arrepentimiento; esta indiscreta verbosidad tan extendida en los "diarios íntimos" de hoy es incompatible con la seriedad y el recogimiento[39] del arrepentimiento. La mala conciencia se libera por el diálogo y no por el exhibicionismo ni la logorrea: el interesante parlanchín busca sobre todo un público y grandes tiradas periodísticas, mientras que la mala conciencia busca al Tú, que es segunda persona de amor. El frívolo, *vir linguosus*, es, ya el excomulgado que se niega a quedarse en cuarentena, que quiere hacer pesar la obsesión del boicoteo al que le confina su acto antisocial, ya el hombre de letras en busca de un auditorio para sus interesantes palinodias; la mala conciencia, por su parte, quiere cuidar la soledad enteramente metafísica en que la encierra la irrevocabilidad de un *fiat* convertido en *res facta*: su exilio es un exilio moral. El laconismo de la confesión no tiene nada en común con una locuacidad de mala ley que nos hace parlotear para confundir las pistas y que envuelve la palabra esencial en el océano de su verba. La confesión eficaz no es tampoco lo que impone, por un vértigo de autosugestión, la sola presión física de lo verdadero:[40] no creemos ya como lo creía el optimismo intelectualista de Sócrates, que la verdad tenga por sí sola el poder de forzar la testarudez de una mala voluntad; las fuerzas que arrastran al culpable a denunciarse, a proferir o articular la palabra aún retenida, a perforar la envoltura de su propia mentira, las fuerzas, en fin, que de las profundidades llevan la verdad a flor de labio y a la punta de la

---

[38] Tolstoi, *El poder de las tinieblas*, acto V, segundo cuadro, escena II.
[39] Kierkegaard, *La Pureté du coeur*, p. 32.
[40] Belot, *Etudes de morale positive*, p. 301 (citando a Poe, *El corazón revelador*).

lengua son fuerzas mecánicas, violentas y superficiales: aquí no está en juego más que el miedo o el interés o el entrenamiento social. La confesión liberadora no es lo que imponen la amenaza y el contagio, las torturas y el alcohol: la confesión liberadora es el desastre espontáneo que sigue a la conversión revolucionaria de toda nuestra alma, pues lo que puede transfigurar el fuero interno posee a *fortiori* el impulso verídico: la ipseidad que ha vuelto a ser ella misma y enteramente verdad puede a *fortiori* decir la verdad. En adelante, las "buenas resoluciones", tan ilusorias en el enfermo endurecido que no es más que un desertor de su pasado, recuperan su seriedad y su profundidad; se puede tener confianza en el pecador arrepentido si responde de su porvenir; su pasado está curado y no adormecido; ha extirpado la falta en lugar de ocultarla y es libre, en adelante, para las gozosas empresas de la penitencia.

Lo que sigue no nos importa ya y se necesitaría otro libro para hablar de ello: la digestión del pecado por las buenas obras, la historia de una voluntad que se reconcilia definitivamente consigo misma y que reabsorbe hasta las consecuencias materiales de sus faltas; estas cosas —y los ayunos y las limosnas y la floración de obras de caridad— son cuestión de la Penitencia y no del Arrepentimiento. Toda esta magia sacramental, todo ese celo sólo son posibles para una conciencia ya pacificada. Para llegar allí hay que revivir la falta; tenerla en cierto modo re-hecha; pero en seguida, es menester haberla olvidado. El olvido al que no precede esta experiencia aguda de nuestra propia libertad conoce satisfacciones impersonales y frágiles; sólo suprime el dolor suprimiendo también la alegría, desconoce las consolaciones robustas y verdaderamente positivas del arrepentimiento. Éste quiere nuestra alegría; no es resignación, indiferencia ni anestesia del alma. No nos ha prometido el triste buen humor de los enfermos que se saben perdidos y que se niegan alegremente a pensar en ello; nos ha prometido la vida. El arrepentimiento es la integración de nuestra falta en una totalidad perpetuamente ensanchada, transformada, profundizada. No existe falta que la conciencia no tenga el poder de asimilar; infinitamente elástica y dilatable, sabe permanecer siempre completa; sin duda, no aniquila sus pecados, pero los transfigura; el recuerdo de las viejas faltas reparadas queda en nosotros como una especie de barbarie benefactora que es el pan y la sal del espíritu. A Schelling le gustaba citar la parábola de la oveja descarriada [41] y la paradójica aritmética que la sigue. Y en realidad es el caso de gritar: *felix culpa!* Bienvenida sea la falta

---

[41] *Introduction à la philosophie de la mythologie*, trad. fr. II, pp. 263-264 (vigésima lección). Cf. *Philosophie der Offenbarung*, 9ª y 33ª lecciones.

que da lugar a la desolación justificante ¡bienaventurado el pecador, si debe experimentar la redención por el arrepentimiento!

2. SI LA MALA CONCIENCIA ES VIRTUOSA

La mala conciencia es, pues, eficaz. Pero hay escrúpulos risibles, remordimientos absurdos, y esas aberraciones despiertan en nosotros una última desconfianza que, para terminar, nos incumbe hacer desaparecer. ¿Es la mala conciencia lo más bello que hay en el mundo? ¿Es en todos los casos una virtud el tener mala conciencia?

Se incrimina, ya la esterilidad de la mala conciencia, ya la generalidad excesiva de sus indicaciones. Es cierto, para empezar, que el dolor no es un remedio para salir del paso. Evidentemente, lo mejor sería no pecar nunca; la conciencia en retraso, la conciencia impotente sufre cuando ya no es capaz de acción, sino tan sólo de dolor, cuando sólo puede llorar amargamente ante el objeto de su desolación; basta que esta conciencia retardataria no sea inoperante. Se dirá: el remordimiento es pataleo y estancamiento; el remordimiento no es un principio moral puesto que no nos dice lo que hay que hacer, puesto que nos dice demasiado tarde lo que *más habría valido no hacer*; las lecciones de este demonio interior son, en general, lecciones perdidas; es muy raro que la "voz" de la conciencia hable en nosotros como un instinto o presentimiento de las tareas que nos aguardan, como una precaución contra lo que llamados justamente los "casos de conciencia"; permanece muda en el momento en que, para actuar, aguardamos sus oráculos; y no se pronuncia, reproche irrisorio y póstumo, más que cuando se ha consumado lo irreparable. "Toda mi vida he sido un penitente", se reprocha Kierkegaard[42] y en otra parte grita: ¡Arrepiéntete del arrepentimiento! Así la acción es más rápida que la conciencia; se adelanta a ella haciéndola inútil. ¡Qué profunda cultura interior se necesitaría para obligar a esos dos ritmos desordenados a llevar el mismo compás, para hacer de tal modo que nuestra conciencia se declarara a tiempo! "Rara vez me arrepiento", confiesa Montaigne,[43] quien predica la "ingenua y esencial sumisión". A menudo, como en Spinoza,[44] esta aversión al arrepentimiento se apoya sobre un naturalismo fatalista,

---

[42] Hirsch, *Kierkegaard-Studien*.
[43] *Essais*, III, 2.
[44] *Ética*, III, 18 y esc. 2. *Cf.* IV, 54 y III *aff. def.* 27 ("Paenitentia est tristitia concomitante idea alicujus facti, quod nos ex libero mentis decreto fecisse credimus") y 17 ("Conscientiae morsus est tristitia concomitante idea rei praeteritae, quae praeter spem evenit"). *Cf.* Descartes, *Les Passions de l'ame*, III, 177.

sobre la idea de que el arrepentimiento es tributario de la memoria y de la imaginación, que suponen la realidad del tiempo; si el haber podido hacer otra cosa, *Aliter*, es un simple fantasma, si no hay posibles y si la contingencia del pasado es ilusoria, el remordimiento se convierte en un suplicio absurdo de los hombres, que se lo infligen ellos mismos. En el remordimiento hemos distinguido, estrechamente solidarios, una libertad y un elemento de irreversibilidad. Tras la extirpación de la libertad el fatalismo comprueba que la irreversibilidad a su vez ha dejado de ser dolorosa y que ya no hay ni *tristitia*, ni *metus*, ni *desperatio*. El remordimiento se reduce así a una melancolía que sufre locamente por cosas imposibles o indiferentes o necesarias, y que no quiere creer en su propia inocencia. Hemos distinguido una conciencia retrospectiva y una conciencia antecedente que no es otra cosa que el "sentido moral"; ¿no se podrían distinguir así, dos categorías de dificultades, entre las obsesiones morales: los escrúpulos anteriores al hecho y los escrúpulos retrospectivos? Los escrupulosos antes del hecho son los dudosos, los abúlicos, todos los que a fuerza de meditar sobre el acto que debe realizarse se condenan a un machaqueo sin fin y se vuelven incapaces de desear; esos hombres "fantásticamente virtuosos", dice Kant,[45] salpican de deberes, como de trampas para alimañas, todos sus pasos; practican sobre los hechos "infinitamente pequeños" de la vida moral un examen a ultranza que acaba por paralizarlos. Esta mera neurastenia moral es una perplejidad engendrada por la predicción de un futuro demasiado lejano o demasiado incierto. Los escrupulosos después del hecho se absorben, por lo contrario, en la búsqueda de sus faltas pasadas: tienen el "espíritu de la escalera". Goethe detestó esta conciencia excesivamente delicada, esta conciencia achacosa que nunca se perdona nada: [46] "Ein solches Gewissen macht hypochondrische Menschen, wenn es nicht durch eine grosse Tätigkeit balanciert wird." Místicos como Henri Suso, directores de conciencia como Bossuet y sobre todo Fénelon, ponen en guardia a las almas excesivamente escrupulosas contra los peligros de la "micrología", y se puede decir que describieron, antes de Pierre Janet, la manía de las confesiones detalladas, el empantanamiento del alma en vanos escrúpulos. En cuanto a Nietzsche, desde luego, no podía considerar el remordimiento más que como un sentimiento reactivo y secundario,

---

[45] Contra el arrepentimiento: *Die Metaphysik der Sitten*, ed. Cassirer, t. VII (Berlín, 1916), p. 302; véase también sobre la conciencia, pp. 210 y 250-253; *Kritik der praktischen Vernunft*, t. V (Berlín, 1914), pp. 107-109; *Religion dans les limites de la Raison*, trad. Tremesaygues (1913), p. 227: facultad moral de juzgar juzgándose a sí mismo; *cf.* pp. 43, 78, 98.

[46] *Conversaciones con Eckermann*, 2ª parte, 29 de mayo de 1831.

como un resentimiento muy estéril. Se trata de hacer el bien, y no de añadir un segundo mal al primero. El remordimiento es tan útil como la mordedura de un perro a una piedra.[47] Todo esto no es falso. Y sin embargo el remordimiento ilusorio que inventa, como dice Lutero, pecados de muñeca, no podría desacreditar al remordimiento que alcanza naturalmente pecados verdaderos. Del hecho de que el hachís provoque una manera de éxtasis ¿se sigue que todo éxtasis consiste en una intoxicación, "que el misticismo sea locura?".[48] El verdadero arrepentimiento sirve para curar los pecados y no para amplificar los pecadillos. La falsa mala conciencia, a la que, si se quiere, podemos considerar como una forma de psicastenia, aparece así como un remordimiento que funciona en el vacío, como una curación sin enfermedad y que a su vez se vuelve enfermedad: la voluntad no está enferma de su pecado puesto que su pecado es alucinatorio, sino de su nosofobia, de su temor a estar enferma. Este dolor sin objeto y que sufre de sí mismo, también quiere curarse de sí mismo; devora su propia sustancia. Pero lo más paradójico es que esos enfermos imaginarios no siempre se equivocan; en efecto, llega a ocurrir que un gran pecado se oculte bajo las apariencias anodinas de una bagatela, que una tara secreta encuentre el modo de hacerse olvidar y de escapar del arrepentimiento. "Señora del error y de la falsedad", grita Pascal, "¡tanto más *pérfida cuanto que no lo es siempre!"* Es ridículo ser demasiado prudente, y sin embargo, no pocos pecados se inscriben en cierto modo en nuestra alma con tinta simpática y sólo son legibles al calor de los escrúpulos que nos los hacen aparecer; nuestros escrúpulos persiguen los sofismas sutiles del amor propio, desenmascaran los pecados falsamente veniales, nos hacen exigentes e implacables hacia nosotros mismos. ¡Ay! ¿Quién dirá nunca en qué momento el escrúpulo moral se convierte en manía y delirio?

Así, las advertencias de una mala conciencia auténtica no siempre son inútiles; nunca es demasiado tarde para arrepentirse, para encontrar en la caída misma un medio de elevarse más. Si la mala conciencia no es estéril, se alegará al menos la generalidad, la variedad y la indeterminación de sus máximas. Se le reprochará lo que Platón, en el *Carmide*[49] reprocha a la "ciencia de las ciencias": el sabio que se sabe a sí mismo, sabrá solamente que sabe, pero sin saber qué. La ciencia de Sócrates se limita al hecho formal de la nesciencia: yo sé que no sé, οἶδα ὅτι οὐκ οἶδα. Tal es el único contenido de ese *tú mismo* (σεαυτόν) que es acu-

---

[47] *El viajero y su sombra*, II, aforismos 38, 323. *Cf. Wille zur Macht, passim.*
[48] Henri Bergson, *Les deux sources de la morale et de la religion*, p. 244.
[49] *Carmides*, 170 c-d. *Cf.* Plotino, *En.*, V, 3, 1.

sativo o complemento-objeto del *Conoces* (γνῶθι) introspectivo. ¿No es ésta toda la materia de la conciencia? De modo que la propia nesciencia sólo trata de contenidos quididativos: técnicas, nociones o recetas sofísticas. La mala conciencia aparece así, en este aspecto, como un saber formal, como la ciencia de la quodidad (ὅτι) y no del (ὅ). "Cuando dijo, haced penitencia, afirma Lutero, Nuestro Señor Jesucristo quiso que la vida entera de sus fieles fuera una constante y perpetua penitencia." Esta es la primera de las famosas noventa y cinco proposiciones que Lutero fijó, en 1517, sobre la puerta de la iglesia de Wittemberg. Esta idea de un arrepentimiento general, de un arrepentimiento sin objeto, es inseparable de la vida cristiana; cuando el cristiano ha terminado de rogar por sí mismo, se arrepiente de los crímenes de otro y si ya no tiene nada que expiar en el mundo actual, el cristiano aún debe hacerse perdonar los pecados ancestrales, los que él no ha cometido, pues es responsable sin ser culpable; el cristiano, antes de haber hecho nada, ya tiene mala conciencia: lleva al nacer una herencia de prevaricación y de vicio; "Oh Dios, purificadme de las faltas que ignoro y perdonadme las de los demás." [50] Pues el culpable inocente tiene mucho más que hacerse perdonar que el culpable culpable; está pagando una mancha cometida, lleva sobre sus hombros toda la maldición de los siglos; el pecado original es, por así decirlo, el *a priori* culpable que envenena de antemano nuestras intenciones más puras, que hace que nuestras virtudes parezcan hacer muecas. El tiempo mismo, dice en alguna parte Friedrich Schlegel,[51] es hijo del arrepentimiento. Hay algo en el hombre que le dice que pecará, haga lo que haga, que disgustará a su Creador, tal es el tormento de Kierkegaard. Conocemos el odio de Nietzsche a esta angustia cristiana, que considera como un insulto a la vida, como un producto del resentimiento. La filosofía del perpetuo arrepentimiento hace pensar en las brillantes paradojas de quienes hablan por metáfora de faltas biológicas y de pecados del cuerpo; mejor aún, evoca ciertos delirios virtuosos descritos por Pierre Janet en sus recopilaciones y observaciones clínicas;[52] algunos escrupulosos se sienten culpables antes de conocer sus faltas; la experiencia general del pecado precede en ellos al descubrimiento de faltas particulares. Abundan los ejemplos de ese remordimiento sin razón y que no forzosamente es el remordimiento de algo. Para empezar, hay que

---

[50] Salmo XVIII, 14. Citado por Joseph de Maistre, *Les Soirées de Saint-Pétersbourg*, 3ª velada.

[51] *Philosophische Vorlesungen, insbesondere über Philosophie der Sprache und des Wortes* (Dresde, 1828-1829). *Cf.* Emile Bréhier, noticia a Plotino, *En.*, II, 9: contra los gnósticos (éd. Budé, París, 1924, t. II, p. 107).

[52] En particular, *Neurosis e ideas fijas*, t. II, observación núm. 53.

arrepentirse: he aquí el a priori con relación al cual la materia de la mala conciencia propiamente dicha parece completamente accidental y adventicia. De ese remordimiento patológico se podría repetir lo que Pascal dijo de la necesidad de creer: "El espíritu cree naturalmente y la voluntad ama naturalmente; de modo que a falta de verdaderos objetos, tienen que apegarse a los falsos." [53] Pierre Janet explica esta paradoja por el origen endógeno, profundo y verdaderamente intravital de las obsesiones psicasténicas; mientras que la idea fija de los histéricos siempre tiene por materia una imagen determinada, inducida por sugestión y desarrollada por asociación, la obsesión moral, la abulia o la locura de la duda resultan, generalmente, de una disposición de espíritu, de una perturbación de la síntesis mental; en una palabra, no se remiten a un objeto exterior o a cierto acontecimiento, sino a los actos, a las intenciones y al carácter mismo de la persona. ¿En qué consiste esta perturbación íntima de nuestras tendencias? Pierre Janet lo ha expuesto muchas veces; es la "función de lo real" que se distiende, arrastrando tras ella la degradación de la creencia y de la voluntad.

Todas estas cosas son muy ciertas y no se trata aquí de defender el indefendible escándalo de una culpabilidad metafísica. Nuestra falta no es existir, sino pecar; el escándalo es eso que habría podido no ser, y que adviene gratuitamente por una decisión contingente de nuestra libertad; el escándalo no es el ser ni la vida, sino la falta, y sin duda por metáfora se nos imputa nuestro "carácter inteligible" o, con mayor razón, nuestra herencia. Joseph de Maistre se tomó mucho trabajo para justificar la idea absurda de una comunicación o transmisión hereditaria del pecado; [54] no había comprendido esto: para que el inocente pueda sufrir por la falta de otro o para que sea responsable en lugar del culpable, se necesitaría que el pecado fuese una mancha contagiosa, una propiedad capaz de propagarse o una mercancía anónima que circulara indiferentemente del uno al otro... ¡Con qué elocuencia inolvidable Iván Karamazov, por lo contrario, protesta contra el misterio de la "injusticia inmanente" y del sufrimiento inmerecido! [55] De todos modos, reflexionemos: el remordimiento nunca es "inmerecido" y sin embargo yo sufro, en el remordimiento, de mi maldad en general; el remordimiento es una justicia sobrenatural y desproporcionada a la magnitud aparente de nuestro crimen. Así como la República de

---

[53] Pensées, fr. 81. Cf. 97, 276 (Brunschvicg). Cf. Spinoza, Ética, III, 9 sc.
[54] Essai sur les délais de la justice divine dans la punition des coupables, paráfrasis del tratado de Plutarco, §§ 35-41. Cf. Eclaircissement sur les sacrifices.
[55] Los hermanos Karamazov, II, 5, cap. IV.

Platón distingue entre mentira y mendacidad, ψεύδεσθαι y ἐψεῦσθαι, así Max Scheler distingue muy a propósito entre "Tatreue" y "Seinsreue", la mala conciencia que lamenta cierto acto particular y la que censura la constitución concreta de toda la persona; [56] por debajo de las faltas localizadas, ¿no hay lo que Scheler llama el "Verschuldetsein", el depósito de los pecados visibles, la perversión subterránea que explica todo el detalle de nuestras mezquindades y de nuestras durezas? A través de las faltas mejor determinadas, es esta maldad fundamental la que nos reprochamos; Raskolnikov sufre de arrepentimiento óntico ("Seinsreue"). Léon Chestov ha puesto de relieve [57] de manera notable el abismo que separa el remordimiento de Raskolnikov y el remordimiento de Macbeth; en el drama de Shakespeare, la calidad y la grandeza de los crímenes cometidos —las desdichas de Escocia, la matanza de la familia de Macduff— desempeñan un papel incomparablemente mayor que en Dostoievski. El novelista ruso disminuyó tanto como pudo el papel de la víctima; quiso que fuera vieja, indiferente y hasta odiosa para que su personalidad no obstaculizara la tragedia del remordimiento, para que el crimen del estudiante pobre fuese todo lo excusable posible; se trataba de poner en relieve la esencia sobrenatural del remordimiento, que es una enfermedad de nuestra alma y que no siempre depende de la magnitud del crimen. ¿Existe el derecho de matar a una vieja usurera, egoísta y dura, cuyos ahorros tal vez ayudarán a un joven sabio a terminar sus estudios? Tal es la inquietud metafísica de Raskolnikov, inquietud en que no interviene ninguna preocupación social, ninguna idea de utilidad.

Qué haríamos si se nos dijera que para la salvación del pueblo, para la existencia misma de la humanidad, hay en alguna parte un hombre, un inocente, que ha sido condenado a sufrir torturas eternas? Consentiríamos tal vez si se diera a entender que un filtro mágico nos lo hará olvidar, y que no volveríamos a saber nada de él; pero si hubiera que saberlo, pensar en ello, decirnos que este hombre está sometido a suplicios atroces para que podamos existir, que ésta es una condición fundamental de la existencia en general, ¡ah, no! ¡Antes aceptaríamos que nada existiera! ¡Antes dejaríamos saltar el planeta! [58]

[56] Scheler, *op. cit.*, pp. 24, 29, 41, 44.
[57] "El bien en Tolstoi y en Nietzsche, filosofía y predicación" (Berlín, *Los Escitas*, 1923, en ruso), pp. 42-51.
[58] Henri Bergson, *Les deux sources de la morale et de la religion*, p. 75. *Cf.* Kant, *Rechtslehre*, trad. Barni, p. 198; y Schopenhauer, ed. Grisebach, II, 678. Dostoievski, *Los hermanos Karamazov*, *loc. cit.* Sobre el pánico sobrenatural, léase *Thérèse Raquim* de Zola.

E Iván Feodorovitch, que hace la misma suposición imposible, la misma hipótesis absurda, resuelve igual que como lo hizo Bergson, ese caso de conciencia enviando al demonio el planeta, sacrificando el orden del mundo a la inestimable ipseidad de un solo niño pequeño. ¿No exige aquí el corazón, contra toda razón, la solución paradójica? No es, pues, la falta misma la que es execrable, es la corrupción profunda de nuestra voluntad, pues el remordimiento es un sufrimiento totalmente espiritual. ¿Es o no es "culpa nuestra" esta corrupción? Respondamos que las dos cosas pueden decirse y que la maldad esencial es a la vez libre y necesaria: libre, puesto que provoca el remordimiento y no la nostalgia; necesaria, porque nuestros libres pecados acaban por crear en nosotros una maldad central que no gobernamos ya. La mala conciencia sufre, pues, de una falta personal, expresa, declarada, y, sin embargo, la falta propiamente dicha no es más que una ocasión. El hindú, dice burlonamente Schopenhauer,[59] se atormenta por la muerte de una vaca, el judío por haber fumado la pipa el día del *sabbat*; las anécdotas de Montaigne, el escepticismo de Voltaire, la prodigiosa documentación de Westermarck, el relativismo de los sociólogos: todo ello quebranta finalmente nuestra fe en la universalidad de los "principios"; Pascal tiene razón: un grado de latitud de más o de menos, y lo verdadero se vuelve falso. ¿Negaremos después de ello que los viajes desmoralizan al filósofo? Sin embargo no hay que tomar trágicamente esas variaciones. Con seguridad, unos ayunan el viernes y otros el sábado; con seguridad, éstos sólo penetran en el santuario con la cabeza descubierta, y aquéllos guardan su tocado, y hay otros que se descalzan a la puerta. "Un meridiano, nos dicen, decide la verdad." Esto prueba que los objetos del escrúpulo son relativos, pero no la *aptitud para sentir escrúpulos*; lo que es indiferente o accidental es el contenido de la mala conciencia, y el relativismo se vuelve inofensivo si consideramos únicamente el mal espiritual que hay en las intenciones, pues, este mal es el mal del espíritu. Así se explican a la vez su generalidad sobrenatural y la imposibilidad de curarlo por medio de reparaciones sociales; si el delito fuera todo, ¿cómo interpretaríamos la angustia de Raskolnikov y la fuga de Orestes perseguido por las Euménides? ¿No es esto ya una especie de pánico sobrenatural? El tema de la fuga, la Fuga metafísica, como dice Stoker,[60] expresa ante todo la imposibilidad en que nos encontramos de eludir mediante remedios profanos a este enemigo doméstico, a este mal espiritual que hay en nuestros corazones.

---

[59] *Grundlage der Moral*, § 9 (Frauenstaedt, t. IV, p. 171).
[60] "Ontische Flucht": *Das Gewissen*, pp. 152-153. Stoker distingue cuatro temas metafísicos en el remordimiento: la soledad (*Cf.* Scheler, *op. cit.*, p. 31), la divulga-

El verdadero remordimiento no es, pues, estéril ni demasiado general; el verdadero remordimiento es la más grande virtud de que sea capaz un alma culpable. Pero el remordimiento sólo es virtuoso después de la falta; hay que impedirle absolutamente formar cortejo a las buenas acciones, sembrar por doquier la desconfianza y la inquietud. No hay que despilfarrar el arrepentimiento; la mala conciencia, que nos eleva cuando escolta al pecado, nos rebaja cuando se mete a verificar, a perturbar y a controlar nuestra virtud. Pero los hombres han contraído tan bien el hábito del decaimiento y de la desdicha, el hábito del remordimiento se ha convertido hasta tal punto en su segunda naturaleza, que ahora se arrepienten de todo: de sus placeres más inocentes, de su dicha, de sus virtudes; todo debe ser perdonado, las buenas acciones tanto como las malas. ¿Cómo evitar que esta hipocondria moral, este mal humor crónico no hagan sospechosos los movimientos más puros de nuestra voluntad, la caridad, el heroísmo, la generosidad? ¿Cómo hacer para que las sospechas del rapto no venga a contrarrestar la eferencia graciosa de la buena intención?

Nietzsche ha defendido apasionadamente los beneficios del olvido, de ese vacío reparador que se podría llamar en cierto modo el sueño del alma; el olvido nos da reposo de la tensión cruel del remordimiento. Naturalmente, no se trataría de olvidar mientras no haya arrepentimiento. El olvido sin el arrepentimiento, decíamos, es un remedio perezoso, engañoso y superficial, y que oculta la enfermedad en lugar de curarla; o, antes bien, el olvido nos cura del dolor, pero no del pecado; confunde el dolor, que es la verdadera curación del mal, con el mal mismo; y así, profundiza el mal al hacerlo inconsciente y perpetuar el equívoco que la mala conciencia había aclarado; de allí el pesado malestar que un olvido prematuro deja caer sobre nuestra alma. Este olvido es antes amnesia negativa que amnistía positiva; este olvido es ceguera voluntaria, liquidación frívola y prescripción. Pero los que no temen ofrecerse a la operación dolorosa del arrepentimiento en seguida olvidarán eficazmente: tan peligroso como es el olvido antes de la crisis resuelta, tanto más indispensable es después; antes nos deja desarmados y nos disuade de cuidarnos; después, sirve para la expulsión del dolor, que se ha vuelto inútil para siempre jamás; el alma rechaza sus muletas y contempla audazmente el porvenir, pues ya no está abrumada por un pasado abominable. Hay que saber liquidar las consecuencias del pecado: la salud del cuerpo y del alma tiene este precio. Pierre Janet

ción de la falta (Lutero: "Una conciencia cargada de remordimientos cree siempre que se habla de su falta"), la fuga y el presente eterno.

explica en alguna parte[61] por qué la "conducta de terminación" es una conducta vital, y cómo se reconoce un espíritu sano por su poder de "volver la página", de terminar con el dolor, con el arrepentimiento, con los remordimientos interminables, con la idea fija de la falta. No estamos aquí abajo tallados para la eternidad, y cuando un sentimiento se demora sobremanera en un alma atiborrada de remordimientos, ocupa el lugar de los otros. La imagen del zarevich asesinado persigue a Boris Godúnov como una obsesión; se aferra a sus pasos, ronda sus noches. Las Erinias del pecado confinan al pecador en la monomanía de su sombría reflexión. El pecador machaca dolorosamente su pensamiento patético con esta especie de delectación que es propia de las almas inconsolables. ¿Hay que fermentar indefinidamente un escrúpulo? ¿Prolongar miserablemente la agonía de un arrepentimiento que no tenemos la fuerza de eternizar y que vegetará, estéril y cada vez más verbal, aguardando a morir de inanición? Tal vez sea mejor reconciliarse consigo mismo y perdonarse a sí mismo. El olvido nos devolvería la fuerza de *concluir*. Desde *Materia y Memoria* sabemos en qué sentido la memoria es dejarse ir y relajarse; para recordarse basta seguir la declividad de la conciencia, llevada naturalmente a los sueños difusos y las meditaciones sin fin; la memoria y el rencor, en ese sentido, exigen menos fuerza que el olvido. El olvido no siempre es un déficit, una simple laguna en la plenitud de la conciencia: el olvido es negación activa, sirve para contener la fecundidad mecánica de la memoria. Freud ha hecho mucho para sacar a luz la significación biológica de ese mecanismo protector que, por una especie de represión, nos abriga contra los recuerdos inoportunos.[62] Podemos representarnos, en general, nuestros recuerdos como presencias conquistadas sobre la nada del olvido; pero ¿no sería más justo aún considerar el olvido como un regreso sobre la inercia de la memoria, como un paro y una decisión de interrumpir el desgajamiento del alma? Hay que distinguir el olvido-omisión y el olvido-inhibición; aquél es ausencia y negligencia, pero éste es el gran regulador de la vida mental, el "demasiado lleno" que nos aligera de los recuerdos estorbosos y de los escrúpulos no digeridos; el olvido reposa y ventila las conciencias que se curvan bajo la carga de una memoria demasiado pesada; mondando nuestro pasado, hace que la percepción se vuelva aguda y fina como el acero, de suerte que pueda insertarse en las junturas del mundo exterior. Una voluntad bien afinada, una voluntad olvidadiza y sin tradiciones es más eficaz y más

[61] *L'Evolution de la mémoire et la notion du temps*, París, 1928, p. 149.
[62] *La Psychopathologie de la vie quotidienne*, trad. del doctor S. Jankélévitch (París, 1922). *Cf.* W. H. R. Rivers, *L'Instinct et l'inconscient* (París, 1926), pp. 23-28.

ardiente en sus empresas. El *fiat* decisivo no puede evitar este instante liminal, este vértigo de ceguera que también es vértigo de olvido: por muy minuciosa que sea la deliberación predecisión, no hay finalmente "resolución" tajante sin este artículo del olvido; tal es el umbral gordiano que hay que franquear, el minuto-relámpago que nadie escamotea, bajo pena de parálisis. La intención de arrepentimiento no es macerarse en los malos recuerdos, sino quitarse el lastre y liquidar y, al liquidar el recuerdo inoportuno, recuperar la salud. "¡Pues el que ha olvidado está sano! Debemos ser traidores", grita Zaratustra. Scheling lo dijo mucho antes de Nietzsche, en ese lenguaje arrebatador que le es propio: todo el que ha hecho retroceder su pasado tendrá ante sí un futuro claro y ligero: [63] pero los insomnes que se aferran a recuerdos inolvidables se empantanarán en su antigua vida. La superstición es negativa de devenir. El olvido, al mismo tiempo que es ἐποχή, es decir, un freno a la memoración maníaca, por ello mismo es movilización: repara, deshiela la futurición congelada por el remordimiento. Así, el olvido nos inmuniza contra la obsesión de una penitencia eterna; corta de golpe la necedad de los escrúpulos. El remordimiento lancinante se asemeja a ese espectro del amor brujo que impide a la gitana Candelas vivir y recibir el beso del presente: pero De Falla, para terminar, nos hace oír las campanas matinales que ponen en fuga los murciélagos de la reminiscencia. Y así mismo hay en un remordimiento brujo algo automático y senil que hará que el verdadero arrepentimiento nos disguste fácilmente si no nos ponemos en guardia. Un alma vigilante debe saber reconocer el momento en que sus escrúpulos se convierten en simples supersticiones, prejuicios parásitos, que le ocultan su propia inocencia; entonces ella conjura los sortilegios de un pasado caduco, renuncia a sus pensamientos de enterrador y vuelve a ser virginal e ingenua como antes del pecado. El olvido, observa Ribot,[64] es la primera condición de la memoria. Ésta no es una vana paradoja... El olvido, que es indispensable a la memoria, sería también el remate de un arrepentimiento eficaz y completo; es lo que nos preserva de la asfixia moral; hace que nuestra respiración sea más ligera y más libre; el olvido es a la memoria como las vocales a las consonantes; la libera, la hace explícita, proferible, voluble. La verdadera enfermedad no es la amnesia, que es una medicación desarreglada, sino la hipermnesia.

---

[63] *Weltalter, Werke*, t. VIII, p. 259. *Cf.* Nietzsche, *La Généalogie de la morale*, trad. Henri Albert, pp. 85-87. Coloquio en *La gaya ciencia* y *Así hablaba Zaratustra*, aforismo 310; Kierkegaard, *Entweder Oder*, I, pp. 261-263. Berdiaev, sobre el mal de la época.

[64] *Les Maladies de la mémoire* (1889), pp. 45-46. *Cf.* W. James, *Précis de psychologie*, trad. Baudin y Bertier, p. 392.

Cuando el arrepentimiento ha terminado su obra, el olvido draconiano, el olvido regocijado está allí para impedirle girar en el vacío: recortando nuestra memoria, deja lugar a las novedades; como Ulises expulsa las sombras infernales con la punta de su espada, así el olvido persigue los siniestros fantasmas de la conciencia desdichada; nos devuelve, por último, esta frescura del espíritu y de los sentidos sin la cual no hay perfección interior.

Con el perfecto olvido de ayer forjo yo la novedad de cada hora... No creo en las cosas muertas y confundo no ser ya con no haber sido nunca... ¡Ojalá nuestros mediocres cerebros pudiesen embalsamar bien los recuerdos! Pero éstos se conservan sumamente mal... Los más voluptuosos se pudren... Aquello de lo que me arrepiento era al principio delicioso... Nostalgias, remordimientos, arrepentimientos, son alegrías de hace poco, vistas de espalda. No me gusta mirar hacia atrás y abandono a lo lejos mi pasado como el pájaro, para levantar el vuelo, abandona su sombra... Cada alegría nos aguarda siempre, pero quiere encontrar el lugar vacío, ser la única y que se llegue a ella como un viudo... Toda alegría es similar a este maná del desierto que se corrompe de un día al otro; es como el agua de la fuente Ameles, que, como nos cuenta Platón, no se podía guardar en ningún vaso... Que cada instante se lleve todo lo que había traído.[65]

Tal es, posiblemente, la función del *Perdón*. El "Perdón", es una forma sociable del Olvido, el olvido de las faltas de los demás, como a la inversa el olvido moral es el arte de perdonarse algo a sí mismo: ¡arte difícil entre todas! Hay dos clases de perdón: el perdón negativo o de aproximación que viene de la inteligencia y que excusa el mal porque, al tomarlo todo, el mal no es nada, o porque los hombres son los hombres (*intelligere-ignoscere*),[66] y el perdón positivo que es una gracia del corazón; éste no volatiliza la falta sino, por lo contrario, como el arrepentimiento, la endosa y la acepta viva antes de olvidarla: la olvida *expresamente* porque es la falta, lejos de tratar de explicarla por la flaqueza de los hombres o por teorías consoladoras; es caridad y no resignación ni tolerancia. Puede decirse que este perdón de corazón llena todos los instantes de nuestra vida social y privada; modera la intransigencia de la ley, nos protege contra una eternidad inhumana y un absolutismo sin matices. Sin embargo, el perdón que perdona gratuitamente el mal *porque* es el mal, debe distinguirse cuidadosamente de todas las formas más o menos cobardes de la pres-

[65] A. Gide, *L'Immoraliste*, pp. 173-174.
[66] *Tractatus*, I, 4, *Ep.*, 30.

cripción y del cansancio; la aproximativa equidad de Aristóteles, la indulgencia de Samuel Butler, la excepción según Lutero [67] en ciertos casos pueden parecer frívolas... "pues es una forma de perdón de los pecados cuando se admira un poema, una canción o una poesía que hace excepción a las reglas corrientes y que no se ha formado absolutamente según las reglas como el primer mal discurso que se les ocurrió". Cierto, el colmo de la justicia es a menudo el colmo de la injusticia: por ello no hay que ser demasiado rígido si se quiere desembocar, totalizar, integrar y hacer respirable la vida. De todos modos, perdonar no es cerrar los ojos sino por una resolución inmerecida y voluntaria, "pasar la esponja" o, como dice Rauh,[68] ya no dejarse perturbar por el pasado. Sólo habréis perdonado el día en que el análisis no os distraiga ya de la síntesis, en que perdonéis vuestros propios orígenes no por indulgencia probabilista, sino por amor. La excusa es *quamvis*, es decir concesiva, mientras que el perdón es *quia*, es decir, cínicamente causal: la excusa pasa a otra cosa y firma la paz a pesar de la falta, el perdón agracia al pecador a causa de su pecado y por el amor de su ipseidad. Es el perdón el que da el verdadero beso de la paz, el ἀσπασμός de los cátaros.

"Hay", dice Friedrich Nietzsche,[69] "un grado de insomnio, de meditación, de sentido histórico que daña al ser vivo..." Para que la mala conciencia —la conciencia "histórica"— vuelva a ser buena conciencia hay que desautorizar, pues, los pecados consumados y cortar el cordón umbilical que une el presente con el pretérito. Este insomnio del alma, ya tan funesto al pecador arrepentido, ¡cuánto más gravemente amenaza a las almas inocentes! La conciencia reflexiva desfigura todo lo que roza, y lo más trágico es que esta deformación es la condición misma del conocimiento. La reflexión moral como la reflexión intelectual, es retardataria y póstuma; la una, al funcionar por discurso y recomposición, deja escapar la intuición de las totalidades vivas, y la otra se hace a sí misma impenetrable al valor cualitativo de nuestras intenciones; y sin embargo, ¿no hay que pensar en nuestra acción si se quiere salir de

---

[67] Martín Lutero, *Propos de table*, trad. al francés de Louis Sauzin (París, 1932), p. 172: "El burgomaestre en su ciudad, el padre y la madre, los patrones y las patronas y hasta los simples obreros, cuando la falta no es demasiado grande y no es contra Dios, están obligados a veces a dejar pasar muchas cosas a sus conciudanos, sus hijos, sus domésticos y sus compañeros. Cuando no se perdonan las injurias, y se ponen rígidos como el hierro, no hay paz ni reposo posible." Cf. Samuel Butler, *Carnets* (trad. Valery Larbaud, pp. 215-216 y 297).

[68] *L'Expérience morale*, pp. 55-56.

[69] *Considérations inactuelles*, trad. Henri Albert, pp. 126-127; *El viajero y su sombra*, I, prólogo, oponer a II, 188. Cf. Alain, *Préliminaires à l'esthéthique*, XII (y XIV), contra la manía histórica.

la inconsciencia? Esta contradicción es todo el debate del conocimiento introspectivo: si queremos conocernos a nosotros mismos, debemos resignarnos a la refracción inevitable que nuestros sentimientos sufren por el hecho mismo de que, para hablar de ello, ya nos hemos colocado después de la experiencia vivida. "Estamos muy cerca del despertar cuando soñamos nuestro sueño." [70] La virtud tal vez se asemeje a ese sueño: tan frágil, tan huidiza, tan tenue que nuestra pesada conciencia, desde antes de reflexionarla, ya la ha suprimido. ¡No hay que pensar demasiado en nuestra propia virtud si queremos seguir siendo virtuosos! Una virtud demasiado consciente es como esos sueños ligeros que apenas engañan al durmiente, y que él gusta de conservar: al primer contacto de la conciencia, el sueño se ha desvanecido. El virtuoso, como ese durmiente, guardará durante un tiempo los ojos cerrados, haciendo como que duerme, representándose la comedia de la inconsciencia. ¿Se engaña con esta superficial puesta en escena? ¿Cree verdaderamente que piensa en su impalpable virtud? ¿Que pesa su mérito imponderable? No es posible decirlo siempre, pues hay en la vida interior innumerables transiciones entre la hipocresía y la sinceridad. En todo caso, un punto sí parece establecido: la reflexión moral es engañada por los sentimientos *sui generis* que suscita ella misma para conocer la virtud. Samuel Butler denuncia incansablemente la fealdad de un saber que no se olvida de sí mismo, de un saber que se sabe que entorpece y paraliza; habría pues, que hacer la conciencia casi imponderable con el fin de conocer sin desfigurar: a ese precio se prevendrían los retornos de la afectación y de la autocomplacencia. Por ejemplo, la reflexión, apenas nacida, descubre en todas nuestras virtudes las maquinaciones diabólicas del egoísmo o, como se decía en el siglo xvii, los sofismas del amor propio; en esta cacería de las seudovirtudes, La Rochefoucauld despliega una virtuosidad dialéctica sin igual, y bien sabemos que los grandes moralistas clásicos se complacieron en seguir los meandros tortuosos del amor propio, las largas desviaciones que tienen que dar para realizar, bajo la máscara de la virtud, sus designios egoístas: "Las virtudes se pierden en el interés, como los ríos en el mar." Y Kant, desesperando de eliminar los imperativos hipotéticos del acuerdo, se pregunta si hubo jamás en el mundo un solo acto de virtud verdadera, de virtud por respeto. Ahora bien, estas aporías son el tipo mismo de los escrúpulos retrospectivos, y nacen de una visión absolutamente retardataria de la realidad moral. Naturalmente, en la raíz de

---

[70] "Wir sind dem Aufwachen nah, wenn wir träumen dass wir träumen", dice Novalis. *Ath.*, I, 2, p. 78 (ed. Heilborn, Berlín, 1901, II, 1, p. 4). Minor (Jena, 1907), II, p. 141.

todos los sentimientos más nobles —la amistad, la gratitud, la generosidad— se descubre, en definitiva, un ego interesado por la buena razón de que todo verbo tiene su sujeto: ese sujeto es el yo que ama, que quiere o que da; y de hecho no se pueden disociar esas virtudes de la experiencia personal que las prepara: ¿cómo anular la aportación de la memoria? Después de todo, no se puede negar al justo el derecho de alimentar cierta complacencia por su justicia; tanto daría pedirle que se aniquilara, que no existiera; el placer que me inspira mi propia virtud es un placer egoísta, en el sentido de que soy yo el que lo experimenta, eso es todo, y el pesimismo de los rigoristas se reduce en ese punto al enunciado de una perogrullada. Bajo esta forma infinitamente general la tautología filautista no designa, en suma, nada más que la "razón suficiente" de nuestra elección y la imposibilidad de la indiferencia: "nunca se tiene razón suficiente para actuar cuando no se tiene razón suficiente para actuar de tal modo, toda acción en tanto es individual y no general ni abstraída de sus circunstancias, y tiene necesidad de alguna vía para ser efectuada".[71] La Voluntad, añade Leibniz, no actúa, "sin rima ni razón", sin elección y sin preferencia; el principio metafísico del egoísmo es, por tanto, esta especie de necesidad orgánica que no es más que la plenitud misma de mi presente. La tabla rasa de la *adiaphoria* es un mito y una abstracción. Hasta el Evangelio, y el Levítico antes del Evangelio, nos dicen: ¡Ama a tu prójimo como a ti mismo! Αγαπήσεις τὸν πλησίον σου ὡς σεαυτόν. Así de imposible es representarse una conciencia neutral, isosténica y absolutamente vacía de su propio pasado... El ἄλλος αὐτός, *El otro yo mismo* de la *Ética Nicomaquea*[72] no significa, pues, nada más que esto: el ego, quiera lo que quiera, siempre desea su propio bien; si desea su mal, desea ese mal como un bien; el que desea las privaciones y el dolor y la estrechez quiere aún, y por definición, lo que le place. La hoja en blanco de la *adiaphoria* es tan inconcebible como un ataque al axioma de identidad o de conservación; es, en suma, esta imposibilidad la que Bossuet alegará un día contra el puro amor de Fénelon, contra el desinterés estático y quimérico de un Autos que se ha convertido por completo en su querido Allos... Ese régimen de un Autos completamente fuera de sus goznes, como en las imposibles suposiciones de San Pablo, ¿no es la desesperación-límite, la desesperación hiperbólica de que sólo un milagro nos dispensaría? ¡Pues es un milagro que la contradicción haga excepción a la identidad, que la creación o la aniquilación interrumpan la conservación, que la fina punta instantánea del

---

[71] Leibniz, 5⁰ escrito a Clarke, § 17 (Janet, II, p. 653).
[72] IX, 4, 1166a, 31; 9, 1170b, 6.

carisma desgarre la continuación de la justicia! El *Gorgias* y el *Menón* también le hacen coro: [73] desear es por definición misma desear el Bien; ἕνεκ'ἄρα τοῦ ἀγαθοῦ ἅπαντα... ποιοῦσιν οἱ ποιοῦντες... Τὰ γὰρ ἀγαθὰ βουλόμεθα. ¡Una "voluntad del bien" resulta, pues, un pleonasmo! Lo que es indiscutiblemente cierto de las perífrasis utilitarias y dilatorias de la mediación,[74] ¿también podrá decirse de la pureza inequívoca del desinterés? La voluntad, ¡claro! quiere siempre lo que quiere, no teniendo un libre albedrío de todo, y ni siquiera de su propia libertad... ¡No se va muy lejos por ese camino de perogrulladas eudemonistas! Pero esta plenitud espiritual, que es inocencia en el momento, puesto que expresa el Orden indefectible del espíritu, después parece egoísta; nuestra conciencia disolvente y siempre inquieta enturbia la evidencia del bien y del mal; con gran refuerzo de escrúpulos vanos, solidifica en motivos interesados la preferencia generosa de nuestro corazón. Naturalmente, los ascetas se privan porque el esfuerzo es, en cierto sentido, su placer, porque tienen el gusto del sufrimiento; pero esta verificación no nos hace avanzar apenas, puesto que enuncia pura y simplemente la existencia de una "inclinación" ascética: para arrepentirse de esta inclinación so pretexto de que *inclina*, hay que tener verdaderamente una conciencia enferma, febril y sumamente ansiosa: lo mismo daría arrepentirse de la existencia en general, y del pensamiento y finalmente del propio remordimiento, ¡puesto que el remordimiento mismo sirve, también, a nuestra salvación! Y he aquí nuestra conciencia remitida al infinito, como en el sofisma de Epiménides, de un contradictorio a su contradictorio, desgarrada por las antinomias, incierta entre escrúpulos que se devoran unos a otros; "se envuelve al infinito"; [75] gira, enloquecida en el laberinto de las cuestiones absurdas; para reconciliar los conceptos dispersos inventa la casuística, pero por mucho que haga no aplacará la guerra civil de los escrúpulos. Así, y a pesar de esta vana mala conciencia, egoísmo y altruismo difieren verdaderamente en calidad. El masoquista de las *Memorias del subterráneo* de Dostoievski, gusta de las humillaciones como otros de los honores; ¿quién no verá, sin embargo, que el diletantismo del sufrimiento es una perversión? Porque un sistema nervioso refinado puede asociar el placer a cualquier sensación, ¿diremos que todos los placeres tienen el mismo valor?

El yo no es, pues, tan odioso como dicen; no hay que exigirle in-

[73] *Gorgias*, 467c-468c; *Menón*, 77b-78b.
[74] *Gorgias*, 467 d: ἐὰν τίς τι πράττῃ ἕνεκά του, οὐ τοῦτο βούλεται ὃ πράττει ἀλλ' ἐκεῖνο οὗ ἕνεκα πράττει. Obsérvese la correlación del τοῦτο — medio y del ἐκεῖνο — fin.
[75] Fénelon. *Lettres spirituelles*, núm. 212 (27 de junio de 1960 [*sic*.]), a la condesa de Gramont.

posibles. Mientras la virtud se abstenga de hacer trampas sobre su propio mérito, va directo a las buenas obras, con paso fácil y seguro. Quienes desalientan la virtud, el heroísmo, la caridad y todo lo que es puro aquí abajo son los mismos que, a fuerza de dialéctica, hacen imposible el movimiento y la libertad. La Rochefoucauld es, por así decirlo, el Zenón del mundo moral: así como Zenón descompone el movimiento en puntos estacionarios, asimismo el puntillismo de los puntillosos, que busca pulgas a la virtud y a la pureza, perturba lo que podríamos llamar la evidencia del *buen movimiento*; el "buen movimiento" también es el *primer movimiento*, el impulso incoativo y generoso de los desconfiados, los irónicos, los suspicaces aun no han disgregado en escrúpulos. Si la espontaneidad caritativa es el primer movimiento, el cálculo interesado o arrebato es el segundo; a la intención siempre inicial de Dar sucede la intención de Recuperar o Retener, pues no nos "arrebatamos" más que para negar y para decir no. De todos modos, es para un segundo movimiento reflexivo, para un movimiento secundario para lo que la buena intención previniente e inicial se disgrega en rapsodia de escrúpulos. La primaridad y simplicidad afirmativas del *fiat* —ya sea sacrificio, decisión heroica u ofrenda— se vuelve sospechosa *a posteriori*. ¡No hay corazón puro que siga siendo puro para este minucioso examen zenoniano! No se podría aplicar, palabra por palabra, a las aporías eleáticas, lo que Fénelon, tan bergsonianamente, decía de las inquietudes de sus penitentes: [76] "Todos esos monstruos no son reales. Para que desaparezcan basta no verlos ni escucharlos nunca voluntariamente; no hay más que dejarlos desvanecerse: una simple no-resistencia los disipará..." Distingamos pues en el acto virtuoso dos perspectivas totalmente distintas: la perspectiva del presente y la del hecho consumado. En el momento y mientras el Haciéndose está *en proceso de hacerse*, todo es claro, franco y directo; sin duda la caridad hace bien al que da, pero en el momento hay una extrema diferencia cualitativa e intencional entre el donador, que no es más que un usurero y que presta un servicio para obligar, y el benefactor generoso cuya caridad sabe permanecer anónima. Hay casos en que las astucias del amor propio son tan burdas y tan flagrantes que nuestra hipocresía brota a plena luz; pero, ¿por qué regatearnos a nosotros mismos nuestras buenas inspiraciones? ¿En qué afearían nuestros escrúpulos tardíos el impulso espontáneo? Hasta llega a ocurrir que la intención meritoria renazca, incorruptible, en los escrúpulos del concienzudo: allí donde nos creíamos perseguidos por el egoísmo como

---

[76] Fénelon, *Lettres spirituelles* núm. 382 (22 de abril de 1707), a la condesa de Montberon.

por la sombra de nuestros propios actos fue el desinterés el que tuvo la última palabra; ¡aunque quisiéramos ser culpables, no podríamos serlo! Si cada uno de nuestros escrúpulos parece abrumador para la buena acción, el *hecho de experimentar* escrúpulos nos honra y atestigua de una intención pura; si la inocencia se convierte sin cesar en autocomplacencia, la conciencia de esta complacencia se vuelve, a su vez, inocente. ¡Y el debate no tiene fin! La ilusión de la falta proviene de los escrúpulos aislados y fijos, mientras que toda la virtud está en el gran impulso [77] de arrepentimiento que atraviesa y moviliza los escrúpulos; a cada instante somos impuros, y sin embargo el esfuerzo escrupuloso en general, aun si es estéril, prueba nuestra dignidad; los reproches mismos, es decir el contenido de las objeciones escrupulosas, representan el aspecto exotérico y estacionario de la mala conciencia. El buen movimiento es —como el movimiento a secas, como la libertad o la vida— un efecto de conjunto, es decir, un *ensalmo* y un *nescioquid*. ¿Por qué una rapsodia de escrúpulos fabricaría un movimiento? Lo mismo daría preguntar cómo un rosario de estaciones puede en general fabricar un movimiento continuo; cómo una letanía de motivos y de determinismos puede fabricar una libertad o un engranaje de mecanismos fisioquímicos una vitalidad; cómo unas palabras [78] que consideradas respectivamente son simples *flatos* verbales, fonemas y elementos gramaticales, pueden, por su conjunto, componer un sentido neumático... En realidad, la libertad se encuentra, antes bien, en la disposición, que es totalidad, como la necesidad está ante todo en cada detalle regional dislocado de su contexto: sin cesar desmentida por la materialidad superficial de su motivación, la intención a su vez recupera su evidencia, su misteriosa evidencia, su evidencia inevidente, en tanto que impulso y aire general del fuero íntimo; pues si la *materia* del *desear* es asignable y localizable, la *manera de desear* es el impalpable misterio del Otro-siempre-otro, del Otro-siempre-en otra-parte y del *Nunc* sin cesar diferido, la eterna *Coartada* del Yo-no-sé-qué el cual es, en conjunto, un *Semper-Nunquam* y un *Ubique-Nusquam*, una omnipresencia omniausente, un aquí-en otra parte y un por doquier-en ninguna parte, a la vez existente e inexistente. La nusquamidad-y-nunquamidad que la intención explica suficientemente porque esta evidencia, inconsistente, engañosa y desconcertante, justifica, por turnos, los hiperescrúpulos de la misantropía y la confianza del optimismo. Después de todo, ¿quiere el hombre de amor, en defi-

---

[77] C. A. Vallier emplea muy a menudo ese término bergsoniano: *De l'intention morale*, París, 1883, pp. 117, 122, 132, 138, 140, 142, 161, 174, 182.
[78] Pascal, *Pensées* (Brunschvicg), I, 22.

nitiva, su propio bien, al igual que el hombre de negocios? Sí, pero para hablar como Baltasar Gracián, hay *la manera*. ¡La manera, que es todo! La manera, es decir el misterioso adverbio del verbo que establece la distanca infinitamente infinita de la caridad al autismo. El hombre de negocios quiere su propio bien, un punto lo es todo, y el hombre de corazón quiere el bien del prójimo como su bien de hombre de corazón. ¡No es más que un matiz, pero ese matiz es un mundo! Pues si el corazón está allí, todo está allí. Así como una gran mala voluntad puede resultar de una acumulación de pequeñas bienquerencias aparentes, y una gran mala fe de un conjunto de pequeñas veracidades parciales, asimismo ocurre que una gran buena voluntad y una gran buena fe se fabriquen si no con pequeñas bienquerencias, al menos al precio de mentiras veniales y de desfallecimientos locales: pues la inspiración-impulso siempre es otra cosa que el miriágono-inscrito de las pequeñas intenciones discontinuas de las que lo interpretamos como el "límite". De allí se siguen que el hombre, criatura anfibia intermedia, no sea ni absolutamente bueno ni absolutamente malo, y que todo lo acuse y lo excuse, no sólo por turnos sino a la vez: las circunstancias agravantes remiten a las circunstancias atenuantes, y la severidad a la indulgencia y el Contra al Pro; pero el mismo Pro hace resurgir el Contra, y así al infinito, sin que se pueda hacer nunca un juicio inequívoco, unívoco y adialéctico, sea sobre la radical maldad, sea sobre la bondad fundamental de esta ipseidad inatingible, tan bien hecha para en conjunto engañar y justificar todas las predicaciones unilaterales. ¡Nunca se ha terminado con ese vicioso-virtuoso, equidistante entre los extremos agudos! La Rochefoucauld derrocha un ingenio extremo en encontrar los vicios de la virtud; pero, mediante una dialéctica inversa, ¿no se podría descubrir la virtud de nuestros vicios? La modestia, decimos, no es más que una vanidad larvada; pero la vanidad a su vez, ¿no es un vicio sociable, una variante de la humildad? ¿Y la hiprocresía un homenaje del vicio a la virtud? En toda buena intención hay una mala, y en toda mala una buena... Nunca llegamos a tocar, por así decirlo, el fondo del mal. A la fatalidad del pecado sucede así una confianza inquebrantable de nuestra alma en su propia rectitud.

Nadie tal vez ha tenido una experiencia más viva de esta íntima certidumbre que el incomparable Fénelon. En el defensor del puro amor el nominalismo cartesiano se encuentra, por así decirlo, traspuesto en términos de espiritualidad moral y religiosa; lo que Descartes llamaba "precipitación", Fénelon lo llama "apresuramiento" y sabemos cómo opone el presente de la gracia a la vez al pasado de los vanos remordimientos y al futuro de esos impacientes que se esfuerzan por sentir lo que no sienten. Toda la evidencia de nuestra rectitud se reúne en los actos "directos", rápidos, instantáneos de una buena fe tomada sobre el hecho. A los actos directos se oponen los actos "reflejados" cuya fuente es la conciencia; éstos son bastante más explícitos, más distintos, más sensibles que los actos directos; en lugar de que nuestra virtud se oculte en la "cima del alma" los escrúpulos dejan de su presencia un rastro fijo y duradero o, como decíamos aquí mismo, un testimonio exotérico; la reflexión opera con actos muy aparentes, muy exteriores y que nos disimulan la experiencia de nuestro fondo real. Los escrúpulos turbulentos zumban en nuestra imaginación como avispas. Contra la ultranza inquieta, contra esas delicadezas de un alma demasiado enamorada de las austeridades, contra la tentación de los escrúpulos, ¿cómo precaverse? Fénelon lo ha dicho en un lenguaje impregnado de piedad salesiana, pero en el que asoma ya una intuición de ese *presente espiritual* que el bergsonismo nos enseñó a liberar de los fantasmas y de los espejismos retrospectivos. Dios, se nos dice en las *Máximas de los santos, Dios tiene sus momentos para cada cosa;* no hay que empujar la gracia por indiscreción y por exceso de imaginación, ni retardarla a fuerza de escrúpulos vanos; "el estado de gracia" sería en ese sentido el estado de una voluntad que se guarda de toda actividad "a contratiempo",[79] que se ofrece familiarmente, sin rigidez ni tensión, a la operación de la gracia; los actos metódicos, por lo contrario, nacen a *posteriori,*[80] de una reflexión negativa, indirecta y retrógrada sobre el hecho consumado. La voluntad escrupulosa, como la negación según Bergson, retorna para medir el espacio recorrido; mientras actúa, pierde su tiempo razonando sobre los pasos que ha dado;[81] también Nietzsche denunciará en el resentimiento, el remordimiento y las diversas manifestaciones "reactivas" de la conciencia los síntomas de una lasitud que tiende a detener nuestra marcha adelante.[82] Esta melancolía retrospectiva y ese "remurmurat" teológico tan contrarios a la unción interior,

---

[79] *Lettres spirituelles, passim; Explication des maximes des saints sur la vie intérieure* (ed. Albert Chérel, París, 1911), art. XI. Fénelon maltrata la "imaginación" tan duramente como Pascal, Spinoza o Malebranche.

[80] *Maximes des saints,* art. XIII, XIV (ed. cit., pp. 211-215).

[81] *Ibid,* art. XI (p. 202). Cf. *De la simplicité (Instructions et avis sur divers points de la morale et de la perfection chrétienne,* núm. 40).

[82] *Généalogie de la morale,* trad. Henri Albert, p. 16. Cf. Bergson, *L'Evolution créatrice,* p. 318: "[La negación] verifica el cambio o más generalmente la sustitución, como vería el trayecto del carruaje un viajero que mirara hacia atrás y no quisiera conocer a cada instante más que el punto en que ha dejado de ser." No hay que mirar detrás de uno mismo: Fénelon, *Lettres spirituelles,* núm. 427 (11 de septiembre de 1708), a la condesa de Montberon.

se mantendrían desconocidos para un alma siempre contemporánea de sus buenos movimientos: "...hay que seguir buenamente nuestro camino. Todo lo que ponéis de más es un exceso y eso es lo que forma una nube entre Dios y vosotros".[83] La conciencia del sueño, decíamos, es la negación del sueño; pero habría tal vez un medio de eludir la alternativa brutal de lo inconsciente o de la retrospección demasiado vigilante, de "captar en estado naciente la alegría del dormir": esto es lo que Montaigne indica en un curioso pasaje de los *Ensayos* que cita Léon Brunschvicg;[84] la conciencia es mortal en nuestros sueños, pero no la *toma de conciencia*; al despertar de mi virtud captaré en vivo, por así decirlo, la evidencia de mis buenas inspiraciones. "La fuerza de todo consejo yace en el tiempo"; en el presente de la intención se ha refugiado la certidumbre quebrantada de nuestra embriaguez dialéctica.

Pues la intención está "en el presente".[85] El deber está en el futuro, y el remordimiento en el pasado; pero la intención es la virtud misma sorprendida en su nacimiento y antes de que nuestros escrúpulos alteren su infalible testimonio; una evidencia intencional es siempre *index sui*. En esta gracia de la intención se encontraría sin duda un medio de conciliar la moral del Mérito y la moral de la Virtud, Decíamos: la mala conciencia es la desesperación de una voluntad que se siente monstruosamente sobrepasada por sus propias obras. Como la mala conciencia es una conciencia en retraso, ya no puede dominar los pecados que sin embargo le pertenecen, y sus propias virtudes le parecen sospechosas, lejanas, hostiles. Sólo mis intenciones me pertenecen absolutamente: coincidir con su intención es seguir siendo amo de sus pecados y seguro de la bondad del buen movimiento. En el presente de la intención se desvanecen las contradicciones, los "casos de conciencia" que el atomismo de los escrupulosos y de los fatigados había

[83] *Lettres spirituelles*, núm. 315 (23 de junio de 1702), a la condesa de Montbéron. *Cf.* Bossuet, *Lettres a Mme d'Albert de Luynes*, núm. 37 (1691): "Siga siempre su paso." A la hermana Cornau, llamada en religión de San Benigno, núm. 1 (1686): "Olvidad lo que habéis olvidado"; núm. 144 (1698): "Así seguid vuestro paso: olvidadlo todo... seguid recto delante de vos; Dios no os faltará." *Cf.* Kierkegaard, *La Répétition* (y *La Pureté du coeur*, p. 187).
[84] *Le Progrès de la conscience dans la philosophie occidentale*, París, 1927, p. 122. Montaigne, *Essais*, III, 13, *Cf.* III, 2: "Hoy que ya no soy más, juzgo como si lo fuera... no lamento el pasado ni temo al porvenir."
[85] *Cf.* Fénelon, *Lettres spirituelles*: "A cada día... basta su mal; el mal de cada día se convierte en un bien cuando se deja hacer a Dios" (núm. 235 a la condesa de Gramont, 25 de mayo de 1693); "A cada día basta su mal; el de mañana cuidará de sí mismo... Entregaos a Dios sin ver nunca más allá del momento presente (núm. 379, a la condesa de Montbéron, 21 de marzo de 1707). "Comed pues en paz el medio pan de cada día que el cuervo os aporta. A cada día basta su mal", núm. 272, 10 de junio de 1701).

hecho nacer. Por ejemplo, la limosna hace bien al que la da y mal al que la recibe. ¿Diremos que no hay que dar limosna? "Pero la paradoja falla y la contradicción se desvanece si se considera la intención de esas máximas, que es producir un estado del alma. No es para los pobres sino para él por lo que el rico debe abandonar su riqueza: ¡bienaventurado el pobre de *espíritu!*" [86] Lo que es bueno no es la suma de dinero, sino el acto de *dar*, es ese precioso movimiento de la caridad que tal vez sea impuro, torpe o nocivo en cada uno de sus movimientos, pero que llega derecho del corazón y sólo en ello es caritativo. Ahora bien, el impulso generoso lo es todo. *Donum* sin *Datio* no es más que vanidad y címbalos estrepitosos. El hombre caritativo y que no tiene nada no dará más que su amor, pero daría el cielo y la Tierra si los tuviera; pues el que puede más, puede menos. Todavía se dice: sólo el *gesto* cuenta: esta inspiración inaprensible que se esboza en nuestro corazón, que ya prefigura y designa una actitud de la voluntad, que tal vez será insuficiente... ¡Pero qué importa! ¿No está allí la intención? Sabemos que la elegancia del gesto no depende de los méritos estacionarios. Entre el gesto y las acciones la relación es la misma que entre el paso y las actitudes, lo dinámico y lo estático; el "gesto" está íntegro en cierta curva de la inspiración generosa, en la forma que nuestra voluntad tiene de moverse.[87] Admiramos por instinto en algunos hombres esta espontaneidad encantadora de un alma que se entrega sin reservas a su primer movimiento, que desconoce la gracia afectada y la ingenuidad demasiado consciente.[88] Para comprender bien los perjuicios de la reflexión, hay que leer las páginas profundas y tan gracianescas que Fénelon escribió sobre la Simplicidad y sobre la diferencia entre lo Sincero y lo Simple.[89] Hay en esto último una especie de dulce intimidad, un no sé qué de libre, de generoso y de directo que la sinceridad tendida no quiere conocer: "la odiosa sinceridad", ha dicho en alguna parte Maurice Ravel, "madre de obras locuaces e imperfectas".[90] Naturalmente, no es la verdadera sinceridad la que es odiosa, pues ésta es, por lo contrario, la más grande de las virtudes, y las blasfemias de Gide contra la sinceridad se asemejan en este punto al inmoralismo de Nietzsche que es una

---

[86] H. Bergson, *Les deux sources de la morale et de la religion,* p. 57.
[87] Georg Simmel, *Rodin,* en *Philosophische Kultur* (Leipzig, 1911), p. 193 (sobre el movimiento).
[88] Schelling, *Philosophie der Offenbarung,* 11ª lección (XIII, p. 225). *Cf. Zur Geschichte der neueren Philosophie* (X, pp. 100-101).
[89] *De la simplicité,* en *Instructions et avis sur divers points de la morale et de la perfection chrétiennes,* núm. 40.
[90] *Revue musicale,* 1931 (a propósito de Gustav Mahler).

especie de despecho amoroso de la sinceridad ideal o de la imposible virtud. Fénelon vivió en un siglo en que el pudor de los sentimientos era la regla más importante de la vida social, en que se excluía el desaliño de las confidencias sin medida. Las críticas de Malebranche contra la experiencia de conciencia, las de Pascal contra el yo "odioso" y contra el indiscreto proyecto de pintarse en Montaigne, expresan bajo formas diferentes un mismo objetivismo clásico, una misma fobia de la introspección. La confianza prolija, ansiosa, desgreñada, ciertamente es el mayor enemigo del examen de conciencia, para el cual sabemos que el siglo XVII estaba especialmente dotado. Como confesor, Fénelon tuvo, podríamos decir, una experiencia profesional y periodística de la sinceridad; sabía todo lo que entra de complacencia y de exhibicionismo en esos penitentes inagotables que entretienen al universo entero con el relato de sus conversiones, de sus escrúpulos, de sus digestiones y de las intermitencias de su corazón. Están llenos de sí mismos, tan arrogantes como indiscretos; pasan su tiempo trabajándose, acompasándose, espulgando sus recuerdos con el temor de tener demasiado o demasiado poco, se pierden en la contemplación ridícula de su propia imagen; quieren estar seguros de temer a Dios, tienen miedo de no temerlo y, en suma, se mantienen más alejados de la verdadera compunción que los propios pecadores; no tienen nada fácil, nada ingenuo ni natural; insoportables hasta en sus arrepentimientos, desconocen la humildad, la sobriedad y el pudor de las conversiones de buena ley; pues la verdadera sinceridad viene acompañada por cierto misterio, el misterio y las reticencias en que los personajes de Racine envuelven su pasión.

Vemos, pues, que el desdoblamiento reflexivo, que para la inteligencia es un principio de sangre fría, amenaza gravemente la sinceridad de nuestra virtud. El mayor peligro de la vida moral es lo que se puede llamar la obsesión del testigo virtual; "posamos" continuamente, si no para los demás, al menos para nosotros mismos, para un otro yo que, por turnos, se muestra apiadado, laudatorio, admirativo y que siempre está allí para excusarnos o tranquilizarnos. Es una maldición. Apenas nuestra virtud ha cobrado conciencia de sí misma cuando ya nos sorprendemos desempeñando un papel, apiadándonos de nosotros mismos; la preocupación de la "actitud", dicho de otro modo, de la afectación, envenena nuestras mejores inspiraciones, y la persona desaparece bajo los personajes patéticos que le parece oportuno encarnar, se desdibuja tras la estatua que considera oportuno esculpir; un "diálogo silencioso" se establece entre nuestra alma y ese espectador indulgente siempre presto a justificarlo. Y bien, es posible eludir esta conciencia impura, esta conciencia crispada; basta con no anticipar ni retardar sobre la intención, colocarse en el momento en que aún es anónima, es decir, desconocida de todos e incluso de este ser social elemental que somos nosotros, pues la conciencia es una protección contra la soledad, un medio de dialogar. Entonces, se vuelve posible sorprender en plena acrobacia a esta flagrante virtud que, a *posteriori*, no será más que una farsa burlesca, una mistificación farisea y una complacencia hueca. Por tanto, un amor desinteresado no es más imposible que un acto libre; existe efectivamente, antes de toda retrospección dialéctica, cierta "caridad previniente", un *primer movimiento* espontáneo, más rápido que nuestros cálculos de interés, que se adelanta a la esperanza y al temor mercenario; esta caridad pura es a las almas lo que la movilidad es a los cuerpos, se dilata cuando nosotros nos escapamos del "movimiento forzado" del escrúpulo... Pues hay en una falsa conciencia algo violento y artificial que nuestra verdadera naturaleza desautoriza. Esta conciencia impone a la inspiración generosa el circuito cerrado del amor propio: por ejemplo el amor, partiendo de mí, vuelve a mí en lugar de perderse en su objeto. El movimiento de caridad sería, por lo contrario, la partida sin retorno, el puro impulso del corazón capaz de llevarnos al infinito; esta vez, nuestro amor no rebota ya sobre el objeto sino que, por lo contrario, se olvida generosamente en él, entrega y no pide nada a cambio. La virtud demasiado consciente no se eleva por encima de cierta justicia circular que es la del "dando y dando"; pero la donación gratuita renuncia a toda reciprocidad; Nietzsche no concibe la pura espontaneidad centrífuga más que belicosa y agresiva, pero hay que decir, por lo contrario, que el tipo de esta virtud absolutamente eferente y sin reflexión es el don amoroso. El que sabe abrigar sus buenos movimientos contra los retornos del escrúpulo recuperará confianza en el desinterés y la bondad. He aquí, sin duda, lo que hay que entender por este "espíritu de dilatación" de que habla Bossuet en sus cartas a *madame* d'Albert de Luynes. La confianza es tan indispensable a la vida del alma como el oxígeno a la vida del cuerpo. Ella es la que los psiquiatras consideran, bajo el nombre de creencia o de función del presente, como el principio mismo de la salud mental, donde los juristas reconocen el fundamento de las relaciones sociales [91] y que garantiza a la percepción la fidelidad de su precepto, es ella, por último, la que autoriza a decir más de lo que se sabe, a hacer más de lo que se tiene derecho a hacer, a rebasar la estricta literalidad. Como la sabia equidad por oposición a la justicia, la confianza es la aproximación vital que, justificando la síntesis, ventila la existencia

[91] Emmanuel Lévy, *Les Fondements du droit.*

en tal forma que la hace vivible. No se le da su parte al demonio de la incredulidad una vez que ha tomado posesión de nuestra alma: todas las evidencias se nublan, un principio de escepticismo, de desaliento y de burla universal se instala en nuestras inspiraciones más puras. El diablo es ante todo incrédulo: es así como Franz Liszt ha comprendido el Mefistófeles de Goethe en la tercera parte de su *Sinfonía Fausto*. Mefistófeles es un ser desconfiado, sospechoso, cruel ante el entusiasmo y el amor; Mefistófeles no cree en nuestros buenos movimientos, no cree en nada: su rabia sólo pretende destruir y dividir. Por ello, el músico no le dio ningún tema propio: Mefistófeles, que es la duda infinita, no sabe más que ridiculizar todo lo que en Fausto o en Margarita es grande, noble y puro. ¡Y mirad con qué fuerza expresa Liszt la disgregación de los "buenos movimientos" por esta dialéctica escrupulosa! Hemos visto que la ironía de conciencia actúa por desgaste y aislamiento, disuelve la continuidad seria de la inspiración moral: y asimismo, los temas de Fausto, alcanzados por la sátira diabólica, se pulverizan en gamas inorgánicas y distendidas, cuyas notas están todas en el mismo plano. Sucumben a las repeticiones mecánicas, a la multiplicación de las notas, a la triste fecundidad del cromatismo. El cromatismo disloca el designio espiritual del canto así como los dialécticos dividen la línea del movimiento; los temas desfigurados por esta gangrega tienden a reunirse, vuelven a la homogeneidad y la indiferenciación de la materia, y asimismo, nuestras emociones morales, que se han vuelto sospechosas, nos aparecen como variantes inertes del egoísmo. Mefistófeles, el burlón sacrílego, es nuestra falsa conciencia. Lejos de que esa falsa conciencia sea una conciencia demasiado exigente, hay que considerarla, por lo contrario, como una astucia del pecado que, con el fin de tentarnos, usurpa el semblante de la delicadeza; hay en esos sarcasmos un principio de desesperación y de pereza moral que es aún más peligroso que la ingenuidad. Por fortuna, la conciencia dialéctica, si sabe parodiar, no sabe construir; ¿en qué depreciaría nuestra virtud la mala compañía de los escrúpulos ilusorios? Como el movimiento efectivo se ríe de los conceptos, como el pensamiento disipa, con sólo marcar, las aporías totalmente negativas del lenguaje, así no se necesita mucho esfuerzo en nuestra alma para levantar el enjambre de nuestras sospechas. Contra el escrúpulo, las mejores armas son la confianza del corazón y la virginidad de los pensamientos. No, los engañados no son las gentes confiadas; los engañados son, antes bien, los desconfiados, los que por excesos de prudencia dejan licuefacer lo mejor de sí mismos en una amarga burla sin nobleza, los que se niegan a creer en la autenticidad de su propia virtud. Por tanto, no hay

que despreciar esta dichosa confianza, esta loca credulidad de los sentidos y del espíritu que no sólo es un postulado indispensable a las relaciones sociales, sino la marca cierta de una voluntad sana. La desconfianza es razonable, y sin embargo, hay que tener confianza: tal es
la paradoja irónica y el hermoso peligro, el aventurero peligro de la
apuesta; yo apuesto a que mi confianza será justificada; pues lo más
irrisorio es que los maniáticos teóricamente tienen la razón: el escrúpulo es justificado por el diabolismo insidioso del error, del olvido o
de la distracción; ¡las más grandiosas inducciones están a merced de un
lapsus! Ahora bien, hay en las relaciones morales un punto a partir del
cual la inocencia ya no puede ser engañada. La confianza llama a la
confianza, así como la mentira llama a la mentira; se multiplica en cierto
modo por sí misma y, desalentando la astucia, arrastra todas las almas
en una estela de franqueza y de sinceridad. Expulsa, como dice Fénelon
"todo ese torbellino de vanos pensamientos". La confianza es buena,
aun si va contra toda razón; borra de nuestras almas la mueca del
escrúpulo, nos devuelve por fin esta espontaneidad, esta modestia encantadora y esta frescura del espíritu que son aún más preciosas que la
conciencia.

IV. DE LA ALEGRÍA

Εἴδομεν παράδοξα σήμερον.

LA MALA conciencia nos fue dada, pues, para curarnos de la falta, pero no para refutar, maltratar, desmenuzar la espontaneidad del amor. La conciencia es eficaz contra el pecado, pero es mortal para el "buen movimiento". ¿Hay contradicción entre esos dos efectos de la mala conciencia? ¿Qué relación admitir entre el presente *anacrónico* del remordimiento y el presente *actual* de la intención? ¿Entre una vigilancia eterna y una caridad contemporánea de sí misma? No es difícil decirlo... El remordimiento, bien lo sabemos, expresa la irreversibilidad absoluta de nuestros actos; el remordimiento es, por tanto, la pura desesperación y, sin embargo, tener remordimiento sería un síntoma de curación; esa desesperación es nuestra salvación aunque el acto de desesperación consista en creerse condenado a muerte. ¿No hay una profunda analogía entre la caridad *previniente*, que se adelanta a todos los retornos del escrúpulo, y la *conversión previniente*, única que hace posibles los retornos conscientes del arrepentimiento? El primer dolor, como el primer movimiento, es una especie de gracia. Para que el primer movimiento doloroso sea operante, es necesario que no se conozca él mismo; que sea sin cálculo de reflexión, sin precipitación ni prevención; y asimismo una caridad de buena ley es aquella que no mira de soslayo sus propios méritos, que siempre sigue siendo directa y espontánea. Al remordimiento le ocurre lo que a la intención: la intención es la voluntad absoluta del resultado, y no sólo del proyecto, pues una intención digna de este nombre, el momento en que "quiere", debe querer el acto entero; y sin embargo el espectador sabe que en realidad las obras no tienen ninguna importancia, que un fracaso no demuestra nada, y que la pureza de las intenciones no se mide por la grandeza del resultado; pero lo que el agente se dice *a posteriori*, no tiene, de momento, el derecho de pensarlo. Asimismo, sabemos que la desesperación cura al desesperado, que sufrir de una falta irreparable ya es reparar; pero de eso, el desesperado no sabe nada, en el momento en que sufre, no debe saberlo; si no, no sería desesperado; antes bien, su desesperación sería una bella actitud, un dolor ordenado, sin humildad ni sinceridad. La penitencia es esta comedia. Pero penitencia no es remordimiento. La finalidad del remordimiento se asemeja a la que Bergson atribuye a la vida y Schelling a la historia; vemos a posteriori que la evolución tenía un sentido y sin embargo nunca sabemos, hasta el hecho consumado, lo que el mañana nos reserva. La irreversibilidad sólo es mortal si excluye el dolor; sufrirla ya es curar; pero destruimos toda la eficacia de este dolor gracioso si cobramos conciencia de él.

Vemos, pues, que la conciencia puede quebrantar el impulso del remordimiento como quebranta el impulso de la caridad, pues el remordimiento no debe conocer el desdoblamiento que es propio del arrepentimiento. Si es así, debemos reconocer que no hay buena conciencia; sólo podríamos optar entre una conciencia siempre desdichada y una dicha siempre inconsciente. La "alegría moral", la "satisfacción del deber cumplido", ¿no sería más que una caja vacía, creada para hacer contraste al remordimiento? Lo que nos hace temerlo es que la conciencia del placer ya es un dolor; todo lo positivo del placer ya es doloroso; no porque el dolor sea él mismo más positivo que la voluptuosidad, como sólo lo pretenden los pesimistas; sino porque es más explícito,[1] menos frágil, menos furtivo, menos "inenarrable". Esta es una cosa tristemente real. El mal es más evidente que el bien, más envolvente, más voluminoso; entre el bien y el mal, es el bien el que deja duda. Ya lo había observado Pascal: hay una infinidad de maneras de equivocarse, pero sólo una de tener razón. Lo falso, ¡ay! es múltiple y polívoco y desbordante: τὸ ἁμαρτάνειν πολλαχῶς. Lo falso forma legión. A través del espacio del error está tendida una cuerda infinitamente tenue, y es maravilloso que nuestra inteligencia pueda mantenerse en equilibrio sobre ese hilo, sin caer ni a la derecha ni a la izquierda: por doquier, no ve a su alrededor más que los grados innumerables del error. ¡Qué acróbata hay que ser para bailar sobre ese hilo invisible de la verdad! Lo falso es, pues, "en plural"; por ello los juicios negativos son esencialmente indeterminados: como los círculos concéntricos que rodean el "centro" de un blanco, representan las variedades infinitas del error. Tales son nuestros buenos movimientos: la menor inclinación a derecha o izquierda, la más ligera reflexión de conciencia... ¡y he allí que se desvanecen! La mentira, que es exuberante e infinitamente diversa, sabe maravillosamente cómo usurpar la máscara de la virtud e imitar la alegría moral. Por tanto, hay que recogerse sobre sí mismo para actuar virtuosamente, negarse a las proposiciones tentadoras del error, poner oídos sordos a las seducciones de los deseos proliferantes. Una

---

[1] André Gide, *L'Immoraliste*, p. 108: ..."¿Qué será el relato de la dicha? Nada sino lo que la prepara, pues lo que la destruye se relata."

sola experiencia negativa, un solo hecho, por muy humilde que sea, basta para rechazar las inducciones más majestuosas. ¿No podríamos decir aquí lo que los lógicos dicen de las leyes de la pureza moral? Esta pureza es ligera como un soplo y un solo motivo sospechoso o impuro basta para mancharla: por ejemplo, el cuidado que tengo en no pensar en mi interés hace que yo piense en él. ¡Encuentro un interés en parecer desinteresado! ¿Será necesario renunciar entonces a las satisfacciones de la buena conciencia, a todo lo que Montaigne llama la "congratulación del bien hacer"? ¿Deberemos resistir a las tentaciones de una excesiva complacencia, como la razón atenta reprime las tentaciones de la sensibilidad? No existe en ese caso más que una alegría consciente, que es inmoral, y una alegría moral que siempre es inconsciente. Pero, qué es una alegría inconsciente, sino un estado de analgesia personal totalmente negativa, ¡la dicha de una conciencia que ni siquiera se sabe dichosa! La dicha, dice Aristóteles, está en el uso (χρῆσις) y no en la posesión quiescente (ἕξις o κτῆσις): la dicha está en acto, ἐνέργεια.

Endimión hundido en el sueño no es feliz... y Platón precisa, a su manera: el placer sin la memoria, la voluptuosidad sin la previsión, el goce sin la conciencia no constituyen una vida de hombre, sino una vida de ostra o de alga marina. Pues nadie es dichoso sin saberlo.[2] ¿Se puede postular la alternativa entre un conocimiento que no se entrega y un don que no se conoce? Mostremos que si la dicha no se libra de esta miseria de alternativa, la alegría es precisamente la alternativa vencida en el espacio de un instante.

Y resumamos, para empezar, todas estas paradojas de la conciencia. La mala conciencia del mal es un bien... si es sincera, es decir, sin complacencias; la conciencia de la falta rescata misteriosamente la falta... a condición de que no tenga conciencia expresa para rescatar esta falta o porque la vergüenza sería, supuestamente, un medio de librarse: pues la vergüenza se vuelve inoperable desde el momento en que incluye el pensar en un salario, pues la desesperación se convierte en una comedia de desesperación y un *disperato* de teatro y una ridícula afectación desde el instante en que roza la más fugitiva subconsciencia de su propia eficacia. La conciencia del mérito hace del meritorio un fariseo, así como la conciencia del humor hace del humorista un bufón, como la conciencia del encanto hace del encantador un seductor, un cernícalo, como la conciencia del estilo hace del poeta un estilista y un confitero. El encanto, la poesía y el remordimiento sólo operan, los tres, en la perfecta nesciencia de ellos mismos... ¿No perdió Psique

---

[2] *Filebo*, 21 *a-c*; *Ética Nicomaquea*, A/8, 1098 *b* 33-1099 *a* 2; K/6, 1176 *a* 33; 8, 1178 *b* 18 (*cf.* A/5, 1095 *b* 32).

su dicha por haber contemplado el rostro de Eros? Así, la mala conciencia es un dolor benefactor, pero la conciencia de la mala conciencia es una pose y un papel, y una treta diabólica del Ego que ha encontrado el medio de apiadarse de sí mismo. Todo es autoscopia, endoscopia y "retroscopia" en esta supuesta buena conciencia... La buena intención que, por su parte, es inocencia pura, enteramente "primaria", eferente y graciosamente extrovertida en la cosa de su amor, la buena intención se deteriora desde el primer pliegue de conciencia, ya sea que una reflexión de complacencia transforme el buen movimiento en buena conciencia satisfecha, el primer movimiento espontáneo en segundo movimiento encantado; ya sea que una mala conciencia demasiado bien intencionada, exageradamente intencionada, disuelva la evidencia caritativa del primer desinterés. La *buena conciencia del buen movimiento* y la *mala conciencia del buen movimiento* son impuras, ambas, por relación a la pureza máxima del extremo desinterés, puesto que cada una a su modo (que es de contentamiento en aquélla y de inquietud en ésta), sigue unida al ego. Pero la *mala conciencia del mal movimiento*, es decir, la mala conciencia propiamente dicha, siendo ya por ella misma consciente y no consciente a la vez, consciente de su falta-objeto y sufriente de su desdicha vivida, esta mala conciencia ya es impura por su anfibología y su intermediaridad de semiconciencia: su manera de volver a ser pura es estar desesperada sin esperanza y desolada sin reflexión ulterior; la pureza relativa de lo impuro consiste en permanecer sincera y doliente mala conciencia del mal movimiento y merecer así un perdón que no habrá buscado; y la impureza de lo impuro consiste en convertirse en *buena conciencia del mal movimiento* multiplicando la primera mala intención de la falta por la segunda mala intención de la buena conciencia: pues lo impuro se vuelve dos veces impuro gracias al exponente complejo de *self-conscience* o de supraconciencia que le hace desdoblarse de su desdicha y enternecerse él mismo por un remordimiento transformado en penitencia. Ahora bien, si la buena conciencia de la buena voluntad es un mal movimiento sobre buenos movimientos, ¿qué es la buena conciencia de la mala voluntad arrepentida si no un mal movimiento sobre malos movimientos? ¡En definitiva, no hay otro verdadero mal movimiento que la buena conciencia misma! En definitiva, el culpable de toda falta, la malevolencia por excelencia (κατ'ἐξοχήν) tal vez no sea más que una buena conciencia... ¡Una buena conciencia contenta! El buen movimiento se convierte en malo por buena conciencia y el malo se vuelve bueno por mala conciencia, así como se vuelve doblemente malo por buena conciencia. Hay un quiasma. La "buena" conciencia nunca es buena, ya sea ella deterioro del buen movimiento o peyoración del malo. Entre los dos polos de la inconsciencia sustancial y de la extrema inocencia —una de ellas que es indivisión del sujeto, y la otra que es "puro" y "simple" amor completamente vertido en su amado— podremos distinguir, pues, los siguientes cuatro modos de la impureza: 1º La buena conciencia del buen movimiento, que es la impureza del puro, es decir el fariseísmo, es decir el contentamiento por encima de la virtud, el bien que quiere ser demasiado bien y que se convierte en mal (pues lo mejor es enemigo del bien); 2º La buena conciencia del mal movimiento, que es la impureza de lo impuro, la doble impureza, que se opone a la impureza del puro como el maquiavelismo al fariseísmo; 3º La mala conciencia del buen movimiento, es decir la hiperpureza del puro, que se niega a fuerza de querer ser purismo: esta es antes purismo que pureza; 4º Por tanto, es la mala conciencia del mal movimiento, es decir, la semi-pureza de lo impuro porque excluye todo retorno de interés propio, la que más se asemeja al primer movimiento espontáneo de la inocencia; es el retorno de lo impuro a lo puro y literalmente la purificación. Si la impura buena conciencia, trabada en su filaucia, sólo engendra el contentamiento burgués, la satisfacción estática y la euforia ahíta, como la catarsis, que es conversión a lo Otro y transfiguración de un yo purificado de su "autos", ¿no nos procuraría la embriaguez de la Alegría? Pues hay buen humor y buena digestión en el hecho que nos arrellanamos beatamente en el participio pasado pasivo del deber definitivamente "cumplido" y del opus operatum, o en que nos extendemos sobre el cómodo sofá de la continuación: pero hay una alegría en donde se celebran, al instante, la fiesta de la creación y el advenimiento al orden totalmente distinto del hombre nuevo. Sobrepasando a la vez la grotesca solicitud por sí mismo de la buena conciencia y el estado de desgarramiento o de guerra interior de la mala, el hombre curado por esta medicina del remordimiento vuelve a ser amigo de sí mismo.

Si la conciencia retrospectiva es mortal, ya sea a nuestra dicha cuando es virtuosa, o a nuestra virtud cuando quiere ser dichosa, la conciencia naciente, por lo contrario, es la fuente de las alegrías más profundas de la vida. Ocurre a esa conciencia naciente como a la voluptuosidad en general; y si hubiera que renunciar a la virtud gratuita, bueno, pues antes el placer de los hedonistas que el interés sórdido de los utilitaristas. ¡Más vale demasiada sensualidad que demasiada conciencia! Por ello dice Fénelon: "Hay que tomar el gusto sensible cuando Dios lo da..." Hay en la voluptuosidad una especie de fantasía profunda que no es desagradable: acude cuando no la esperamos, sobre todo, no quiere ser forzada; es lunática e ingobernable, se la recoge cuando se ofrece; nos mantenemos por relación a ella en estado de gracia persistente. El placer es como la virtud o como el sueño: lo alejamos al pensar en él. La dicha, decimos, se organiza; pero el placer no se organiza, pues el placer es una especie de gracia; sabemos que se pueden reunir todas las condiciones de la dicha humana: salud, fortuna, honor, mujeres, sin que, sin embargo, sobre toda esa dicha, consienta el placer en posarse. Henos aquí ricos, poderosos y sabios, y dispuestos a escoger la dicha; sólo nos falta ser efectivamente felices. Hemos querido revivir una alegría desaparecida: he aquí que restauramos el decorado, las circunstancias, la posición del cuerpo y del alma que antes la acompañaron; pero la alegría indócil y caprichosa no ha vuelto. Preferirá sorprendernos cuando no contemos con ella, si tal es su humor, y los caprichos de la memoria afectiva, que es una reversibilidad graciosa, muestran hasta qué punto la alegría de los hombres sigue siendo independiente de los sistemas que fabrican para hacerla nacer. Hay, tal vez, más vida espiritual y más generosidad en el voluptuoso locamente pródigo de sus sentidos, que en una "aritmética de los placeres" que escatima miserablemente el goce; no hay que razonar demasiado nuestros placeres si no queremos llegar a ser risiblemente engañados por nuestra propia previsión... La alegría moral es como toda alegría. Tampoco ella desciende siempre sobre las obras reales que hemos dispuesto para atraerla; ocurre que allí donde aguardamos la buena conciencia, no sentimos en nosotros mismos más que una gran perturbación y una lasitud infinita; nos sabemos mortalmente aislados entre nuestras limosnas inútiles y nuestras virtudes sin empleo. Sin embargo, no hay de qué desesperar. La alegría que se esquiva va a darnos una buena sorpresa: aguarda para venir a que apartemos la mirada; pero tal vez no la apartaríamos jamás si el remordimiento no nos obligara a ello.

"Somos las mensajeras de la joven primavera" anuncian las aguas primaverales en un poema célebre de Tiutchev, al que Rachmaninov le puso música. Y la "ronda clara de los días de mayo" se atropella en su secuela...

Como la alegría se apodera de la naturaleza cuando la primavera restablece la circulación de las aguas vivas, cuando las aguas cordiales vuelven a correr por las praderas, así la alegría invade al hombre congelado por el largo invierno del remordimiento cuando la maravillosa primavera de su justificación viene a liberar por fin a la conciencia bloqueada y a poner en marcha la máquina del devenir. Hay alegría cuando el alma desolada vuelve a encontrar un futuro. La reapertura del horizonte, es decir, del porvenir, de la esperanza y de la perspectiva, desbloquea nuestra desesperación estacionaria y moviliza de nuevo la futurición inmovilizada por el remordimiento. Una voz nos dice, como al paralítico de Cafarnaum: levántate y anda, ἔγειρε καὶ περιπάτει. Y la conciencia abrumada, la conciencia estancada, la conciencia bloqueada se levanta en efecto, recoge su bastón de peregrino y vuelve a ponerse en marcha. Por ello, y aunque esta reconciliación consigo mismo aparezca posteriormente como una terminación y como la conclusión de un purgatorio temporal (del que no se podía saber, por el momento, si no era "infernal", es decir eterno), el momento introductorio del comienzo o, si se prefiere, el "adviento" del porvenir es mucho más acentuado en la alegría que el momento terminal del cese: la conciencia pacificada liquida su viejo tormento, pero sobre todo (por ello mismo) inaugura una época nueva, se despierta para una nueva aurora. Es un renacimiento. La concentración de una duración normal ventilada por el futuro ofrece dos aspectos distintos: la volatilización de lo irrevocable, descongelando nuestro pretérito, libera la fluidez de lo irreversible: la conciencia, aliviada de toda obsesión, de toda pesadilla, de toda idea fija, recomienza a gustar ese encanto impalpable del Haber Sido o del acontecimiento cumplido que no se define más que como *Nescioquid*, es decir apofáticamente. La abrumadora desesperación nos ponía una barrera ante ese No sé qué: una vez superado el obstáculo, el devinir recupera su ligereza anterior a la falta. Pero no basta a la conciencia desembarazada haber recuperado, aquende un Ayer asfixiante, el encanto un poco melancólico de su Anteayer: la alegría convirtió al hombre moral del pasado al presente, ahora lo entrega a la gozosa exaltación de la *operatio*, la cual está, por completo, en el presente. La desdichada buena conciencia se dejaba pasmar, estúpida, beatamente, por el pretérito del *opus operatum*, es decir, de la obra cerrada. Y la desdichada mala conciencia, a su vez, era por su constitución misma una conciencia en retraso: el hombre del remordimiento sólo es bueno *a posteriori*, siempre llega demasiado tarde, como los bomberos, y sólo puede contemplar el desastre mientras llora hasta la última lágrima de su cuerpo. Asimismo la piedad es la simpatía secundaria o retardataria que experimentamos como un eco a los sufrimientos de los demás. Asimismo, por último, la melancolía es ese sentimiento de contragolpe, ese "resentimiento" incorregible que nos impide gustar el sabor del Hoy antes de que el Hoy se haya convertido en Ayer, que aguarda a que nuestro Ahora —dicha, hábitos o percepciones— haya huido al pasado para apreciar su encanto. Probablemente se dirá: más vale tarde que nunca; más vale una conciencia retardada, es decir una conciencia "vergonzosa", que no tener ninguna conciencia

o, al menos, que una conciencia "desvergonzada", impúdica, imperti-
nente, sin pudor ni vergüenza. Pero allí está justamente la fórmula del
peor es nada y de nuestra miseria: pues es subentender: ¡más vale
temprano que tarde, más vale llegar a tiempo! El sufrimiento, ciertamente no carece de una especie de finalidad médica: pero la teleología
completa es la que nos hubiese ahorrado la enfermedad en lugar que
tener que curarla posteriormente, es la que, según el optimismo teológico, *Instigat ad bonum.* Sufrir es precisamente todo lo que puede
hacer una conciencia desventurada, una conciencia recluida e impotente
que ya no actúa sobre el acontecimiento para transformarlo y que
asiste, consternada, al desarrollo de las consecuencias de su falta. ¿Cómo
hacer para que el presente exhale su perfume en el momento mismo?
¿Para que la piedad secundaria ceda ante la caridad primaria? ¿Para que
el primer movimiento de amor renazca en el seno de la conciencia
retrospectiva? Ahora bien, es precisamente el remordimiento sin cálculo
de amor propio el que es esta inspiración espontánea, ese movimiento
"en proceso de". El optimismo de la trascendencia teológica ha des-
plegado mucho ingenio en el arte de escamotear la ironía desesperante
de la preterición, de desviar la atención de los *acta* hacia los *agenda* y
del pasado hacia el futuro: la sinteresis no sólo es *scintilla conscientiae*,
ni sólo σπέρμα,[3] es decir, semilla del porvenir; también significa conservación,[4] y que no todo se ha perdido. *Non tam exstinguitur quam
obumbratur.* Esto es correr un velo púdico sobre la tragedia y al mismo
tiempo prohibir la alegría que nunca está en la conservación sino en
la creación. Tal vez sea más valeroso, así tengamos que subalternizar la
conciencia o συντήρησις, ¡contemplar a la cara la perdición para que
la alegría recupere su verdadera distensión! La alegría marca la conversión de la moralidad doliente o póstuma en moralidad contemporánea y, por tanto, previniente. El remordimiento no es el purgatorio
progresivo de nuestras impurezas, el crematorio en que se realiza poco
a poco su incineración: es el pasado de desesperación que su sinceridad misma, como por efecto de una gracia, transfigura o metamorfosea
de súbito en presente de alegría. Y aunque esta sinceridad en el remordimiento del pecado sea absolutamente contraria a la casta inocencia
de los orígenes, sin embargo aún es inocente y de una inocencia segunda, por su manera de recuperar lo puro en lo impuro y la virginidad
original en el desinterés absoluto de su miseria. El gozoso trabajo de la
alegría consiste en restablecer la prerrogativa o dignidad esencial de
lo humano que no consiste en ser conducido sino en conducir; no en ser

---

[3] Máximo *el Confesor.*
[4] *Conservatio notitiae legis quae nobiscum nascitur* (!) (Melanchton).

remolcado o maniobrado sino en remolcar y adelantarse, recuperar, como se debe cuando se es hombre, la iniciativa actuante de las operaciones; en la alegría, lo humano restaura su precedencia normal por relación a los hechos inhumanos; en la alegría la conciencia, convertida de prevenida en previniente, retoma la dirección hegemónica de los acontecimientos: la conciencia contenida, aterrorizada, abatida, vuelve a ser la conciencia valerosa que nunca habría debido dejar de ser, pues el valor consiste en mirar a la cara y no en mirar hacia atrás. El tiempo de la conciencia desdichada estaba enfermo de anacronismos y de supersticiones obsesivas: la alegría vuelve a poner en orden en el tiempo en locura, el tiempo intempestivo, restaurando en sus derechos la ocasión, αιϱός, y el presente oportuno. Mejor aún: la conciencia reconciliada consigo misma, culminando en la fina punta extrema de su alegría —acumen laetitiae— comprende que la irreversibilidad ya no es, como la del tiempo, un encanto nostálgico, impotencia del hombre y delectación pasivamente sufrida, sino, por lo contrario, como el don del amor, acto puro y creación centrífuga, libremente asumida. Es en el plano de la duración desdichada donde la conciencia, sometida a la ley de la alternativa, equilibraba laboriosamente la pasión por la accción y la acción por la reacción; buscaba los consuelos compensadores, y el intercambio de conmutación o de permutación. Muy al contrario, el amor puro que, sin haber buscado la reciprocidad, recibe una paga, conoce el misterio metaempírico de la mutualidad amativa: y esa mutualidad, lejos de reducirse a un cualquier reembolso o a un trueque o a una justicia de simetría que nos compensara por nuestro daño, esta mutualidad es antes bien la duplicación del amor por una licitación de amor. Todo se vuelve posible gracias a ese milagro de la generosidad: el rejuvenecimiento del alma, que es la irreversibilidad superada, el enriquecimiento por el don, que es alternativa vencida.

Después de ello, es fácil comprender por qué la laetitia que es el desenlace del remordimiento contradice al gaudium del deber cumplido, como lo afirmativo puro contradice lo negativo. Gaudium: es el límite extremo al que alcanza un eudemonismo experto solamente en gradaciones cuantitativas, un eudemonismo que desconoce la ley hiperbólica del Todo o Nada y del Ahora o Nunca. Ahora bien, ese extremo es un medio. El gaudium dice: ¡basta! Hasta aquí, y no más allá; y Laetitia, por lo contrario, significa ¡siempre adelante!, similar en ello al amor, cuya única medida está en amar sin medida. El gaudium goza de su deber cumplido como el rentista de sus rentas y el propietario del producto de su cosecha: pero Laetitia sucede a una desesperación que no sabía nada de ella y por consiguiente no goza de esa desesperación, puesto que es, justo, la sorprendente modulación de la desesperación en esperanza. La definición de la desesperación es que es, sin reflexiones de esperanza ni mezcla de luces; la definición de la alegría es que es luz pura sin sombra: entre este infierno y esta luz no hay un purgatorio de un intervalo graduado, sino la gracia instantánea de la purificación. La buena conciencia arrepentida es la mezcla de una falsa alegría y de una falsa aflicción, en la que ésta perturba e inquieta a aquélla y aquélla torna frívola a ésta, quitándole su seriedad y su tragedia: la desolación ensombrece la alegría, que hace de la desolación una comedia; todo es aquí "seudo" y apócrifo, todo es "simili", todo es reflexión posterior... Un grano de preocupación no digerida, una imperceptible jaqueca continúan habitando esta eudemonia optimista y más resignada que feliz y aún adolorida por su viejo traumatismo o sus viejos rencores. En el brasero incandescente de la desesperación, por lo contrario, la falta en cierto modo queda consumada: el *incendium amoris* de San Agustín, la "llama de amor viva" de San Juan de la Cruz, el "fuego del amor" de Richard Rolle [5] traducen en las mismas hipérboles este incendio súbito que es lo contrario de un escamoteo. La mala conciencia no es iluminante, cierto, en el mismo sentido que la luz lúcida, que la luz natural y racional del Sol diurno: pero reanima la "centella", el minúsculo rescoldo que los teólogos pretenden vigilar en el pecho de Adán; alumbra la llama viva de la alegría; pues si la dicha es la claridad continua que ilumina también nuestras preocupaciones, la alegría es la fulguración instantánea que desgarra la noche de los remordimientos; si la dicha es luminosa, la alegría es fulgurante. La chispa se ha convertido en relámpago. En lugar de la buena conciencia prematura que aún coexiste con su preocupación, mirad la nueva conciencia que renace de su sacrificio después de la aniquilación ardiente de la antítesis. La buena conciencia pretende haber liquidado su desdicha, y niega la evidencia... o bien, nunca ha sufrido; la mala, en cambio, metamorfosea la suya por una verdadera taumaturgia. Os entristeceréis, pero vuestra tristeza cambiará en alegría. Ὑμεῖς λυπηθήσεσθε, ἀλλ' ἡ λύπη ὑμῶν εἰς χαρὰν γενήσεται.[6] Después de la mala conciencia de la buena, he aquí la buena conciencia de la mala. Tras el dolor del placer, he aquí la alegría que brota en las cenizas del viejo dolor. Cierto, esta alegría no es serenidad, conciencia extrema ni contemplación (θεωρία): esta alegría es la alegría de una victoria. El embalsamiento que sucede al hundimiento, la levitación que se sobre-

---

[5] Richard Rolle, *Le Feu de l'amour* (trad. al francés de Noetinger), San Juan de la Cruz, *Llama de amor viva*.
[6] Juan, XVI, 20.

pone a la gravitación. "Tú que das a emprender y a terminar, haz triunfar a la luz de la desesperación para que el fracaso sufrido en el ardor del deseo y los firmes designios se transformen en victoria para el corazón arrepentido."[7] Ahora bien, el movimiento importa más que el estado. La segunda consolación evangélica resuena desde entonces con un acento imprevisto: *Beati qui lugent, quoniam ipsi consolabuntur.* Dichosa la conciencia desdichada, pues su desdicha no es sino una ficción, una treta profunda de la vida; dichosa la mala conciencia, que conocerá la alegría violenta del renacer; dichosa, por fin, la mala conciencia, puesto que sus Erinias interiores se han convertido en las benévolas Euménides. *Gaudium et laetitiam obtinebunt, et fugiet dolor cum gemitu.*

"Mi bella amiga ha muerto, yo lloraré siempre", anunciaba el *Lamento* al que puso música Gabriel Fauré. Cada quien es irreemplazable, dice la desolación, así como la desesperación dice: todo es irreparable. Y el humor, en cambio, responde: todo es reemplazable, todo es reparable, intercambiable, permutable, todo es compensable sobre la balanza universal de las pérdidas y las ganancias. Entre la desolación maldita en plena tragedia, en pleno insoluble, en pleno infierno, y la consolación demasiado apresurada por la ironía, hay un lugar para el consuelo verdadero que, como el sacrificio, encuentra una salida en la suposición misma de este irreparable. Este irreparable no es ni el obstáculo insuperable ni el obstáculo que se debe rodear, aplanar o aniquilar; pero, desde luego, tampoco es la razón ni el motivo de la curación: como la falta en el perdón, recurre al misterio del órgano-obstáculo; la desesperación es inconsolable y, sin embargo, y precisamente a causa de ello (*tamen* y *propterea* a la vez) se devuelve la alegría al pecador desolado. Y esta alegría (aunque de hecho y a *posteriori* deba tener un fin) es por el momento un presente tan eterno e inalienable e inalterable como la difunta eternidad de nuestro tormento: pues la incorruptibilidad del Haber ocurrido se verifica tanto para el buen movimiento como para el malo. Vuestro corazón se regocijará, y nadie os arrebatará esta alegría: χαρήσεται ὑμῶν ἡ καρδία, καὶ τὴν χαρὰν ὑμῶν οὐδεὶς αἴρει ἀφ'ὑμῶν.[8] Y no sólo el mundo es incapaz de arrancarnos esta alegría, sino que el mundo mismo canta y sonríe con el hombre alegre. Por ello, el profeta Isaías dice que los consolados recibirán el aceite de oliva de la alegría contra la ceniza del duelo; *oleum gaudii pro luctu*; que no tendrán ya

---

[7] Kierkegaard, *La Pureté du coeur* (trad. al francés P.-H. Tisseau, 1935), pp. 14; y 236-237.
[8] Juan, XVI, 22.

hambre ni sed, que no tiritarán más de frío ni de miseria, y que saciarán su sed en las fuentes de la vida. El escritor ruso Leónidas Andreiev, que tiritó largo tiempo de miseria y de hambre, también nos hace la promesa: "¿No sabéis, pues, que también yo salgo de la tumba y ahora el Sol, el aire y la alegría me dan vueltas a la cabeza? ¡Ah! ¡La vida es bella para los resucitados!" [9]

[9] Leónidas Andreiev, *La vida es bella para los resucitados.*

ÍNDICE

Este libro se terminó de imprimir el
día 6 de marzo de 1987 en los talle-
res de Gráfica Panamericana, S. C. L.,
Parroquia 911, 03100 México, D. F.
En la composición se usaron tipos
Electra de 11:12, 10:11 y 8:9 puntos. El tiro fue de 3 000 ejemplares.

OBRAS DE FILOSOFÍA PUBLICADAS POR
FONDO DE CULTURA ECONÓMICA

Abbagnano, Nicola. *Diccionario de filosofía.*

Abbagnano, Nicola y A. Visalberghi. *Historia de la pedagogía.*

Assoun, Paul-Laurent, *Freud y Nietzsche.*

Ayer, Alfred J. *El positivismo lógico.*

Baumer, F. L. *El moderno pensamiento europeo.*

Bayer, Raymond. *Historia de la estética.*

Berlin, Isaiah. *Conceptos y categorías.*

Bloch, Ernst. *Sujeto-objeto. El pensamiento de Hegel.*

Cassirer, Ernst. *Esencia y efecto.*

Cassirer, Ernst. *La filosofía de las formas simbólicas.* I.

Cassirer, Ernst. *La filosofía de las formas simbólicas.* II.

Cassirer, Ernst. *La filosofía de las formas simbólicas.* III.

Cassirer, Ernst. *Filosofía de la ilustración.*

Cassirer, Ernts. *El problema del conocimiento en la filosofía y en la ciencia modernas.* I.

Cassirer, Ernst. *El problema del conocimiento.* II.

Cassirer, Ernst. *El problema del conocimiento.* III.

Cassirer, Ernst. *El problema del conocimiento.* IV.

Collingwood, Robin George. *Autobiografía.*

Collingwood, Robin George. *Idea de la historia.*

Collingwood, Robin George. *Los principios del arte.*

Copleston, Frederick C. *Filosofías y culturas.*

Crosson, Frederick J. y Kenneth M. Sayre. *Filosofía y cibernética.*

Dilthey, Wilhelm. *De Leibniz a Goethe.* (Obras de Dilthey, III).

Dilthey, Wilhelm. *Hegel y el idealismo.* (Obras de Dilthey, V).

Dilthey, Wilhelm. *Historia de la filosofía.* (Obras de Dilthey, X).

Dilthey, Wilhelm. *Hombre y mundo en los siglos xvi y xvii.* (Obras de Dilthey, II).

Dilthey, Wilhelm. *Introducción a las ciencias del espíritu.* (Obras de Dilthey, I).

Dilthey, Wilhelm. *Literatura y fantasía.* (Obras de Dilthey, IX).

Dilthey, Wilhelm. *El mundo histórico.* (Obras de Dilthey, VII).

Dilthey, Wilhelm. *Psicología y teoría del conocimiento.* (Obras de Dilthey, VI).

Dilthey, Wilhelm. *Teoría de la concepción del mundo.* (Obras de Dilthey, VIII).

Dilthey, Wilhelm. *Vida y poesía.* (Obras de Dilthey, IV).

Ferrater Mora, José y Hughes Leblanc. *Lógica matemática.*

Frondizi, Risieri y Jorge J. E. Gracia. *El hombre y los valores en la filosofía latinoamericana del siglo xx.*

Gaos, José. *Introducción a* El ser y el tiempo *de Martín Heidegger.*

García Bacca, Juan David. *Cosas y personas.*

García Bacca, Juan David. *Humanismo teórico práctico y positivo según Marx.*

García Bacca, Juan David. *Presente, pasado y porvenir de Marx y del marxismo.*

Gómez Robledo, Antonio. *Meditación sobre la justicia.*

Gómez Robledo, Antonio. *Platón.*

Gurméndez, Carlos. *Teoría de los sentimientos.*

Gurméndez, Carlos. *Tratado de las pasiones.*

Gracia, Jorge J. E. *El análisis filosófico en América Latina.*

Hegel, Georg Wilhelm Friedrich. *El concepto de religión.*

Hegel, Georg Wilhelm Friedrich. *Escritos de juventud.*

Hegel, Georg Wilhelm Friedrich. *Fenomenología del espíritu.*

Hegel, Georg Wilhelm Friedrich. *Filosofía real.*

Hegel, Georg Wilhelm Friedrich. *Lecciones sobre la historia de la filosofía.* (3 vols.)

Heidegger, Martin, *Kant y el problema de la metafísica.*

Heidegger, Martin. *El ser y el tiempo.*

Ímaz, Eugenio. *El pensamiento de Dilthey.*

Ionescu, Ghita. *El pensamiento político de Saint-Simon.*

Jaeger, Werner. *Aristóteles. Bases para la historia de su desarrollo intelectual.*

Jaeger, Werner. *Demóstenes. La agonía de Grecia.*

Jaeger, Werner. *Paideia. Los ideales de la cultura griega.*

Jaeger, Werner. *La teología de los primeros filósofos griegos.*

Kaufmann, Walter Arnold. *Crítica de la religión y la filosofía.*

Kristeller, Paul Oscar. *El pensamiento renacentista y sus fuentes.*

Leeuw, Gerardus van der. *Fenomenología de la religión.*

Lefebvre, Henri. *La presencia y la ausencia. Contribuciones a la teoría de las representaciones.*

Locke, John. *Ensayo sobre el entendimiento público.*

Lorite Mena, José. *El Parménides de Platón.*

Magee, Bryan. *Los hombres detrás de las ideas. Algunos creadores de la filosofía contemporánea.*

Mandeville, Bernard de. *La fábula de las abejas o los vicios privados hacen la prosperidad pública.*

Margáin Charles, Hugo. *Racionalidad, lenguaje y filosofía.*

Mondolfo, Rodolfo. *El humanismo de Marx.*

Mondolfo, Rodolfo. *Marx y el marxismo.*

Nicol, Eduardo. *Crítica de la razón simbólica. La razón en la filosofía.*

Nicol, Eduardo. *Historicismo y existencialismo.*

Nicol, Eduardo. *La idea del hombre.*

Nicol, Eduardo. *Metafísica de la expresión.*

Nicol, Eduardo. *El porvenir de la filosofía.*

Nicol, Eduardo. *Los principios de la ciencia.*

Nicol, Eduardo. *Psicología de las situaciones vitales.*
Nicol, Eduardo. *La reforma de la filosofía.*
Ortega y Gasset, José. *Origen y epílogo de la filosofía.*
Pap, Arthur. *Semántica y verdad necesaria.*
Pitcher, George. *Berkeley.*
Poirier, Richard. *El yo en actuación.*
Popkin, Richard Henry. *La historia del escepticismo desde Erasmo hasta Spinoza.*
Price, Henry Habberley. *Pensamiento y experiencia.*
Rawls, John. *Teoría de la justicia.*
Reichenbach, Hans. *La filosofía científica.*
Ripalda, José Ma. *La nación dividida.*
Santayana, George. *Los reinos del ser.*
Schaff, Adam. *Introducción a la semántica.*
Spinoza, Baruch de. *Ética demostrada según el orden geométrico.*
Turbayne, Colin Murray. *El mito de la metáfora.*
Wahl, Jean. *Tratado de metafísica.*
Waismann, Friedrich. *Wittgenstein y el Círculo de Viena.*
Wolff, Robert Paul. *Para comprender a Rawls.*
Zea, Leopoldo. *El positivismo en México.*